Unnützes Wissen Spanisch

Spanisch lernen mit kuriosen Fakten und witzigen Anekdoten

bearbeitet von
Iván Reymóndez-Fernández

PONS
Unnützes Wissen Spanisch
Spanisch lernen mit kuriosen Fakten
und witzigen Anekdoten

bearbeitet von
Iván Reymóndez-Fernández

Basiert auf ISBN: 978-3-12-562287-6

1. Auflage 2024

Redaktion: Christine Lippet
Logoentwurf: Erwin Poell, Heidelberg
Logoüberarbeitung: Sabine Redlin, Ludwigsburg
Einbandgestaltung: PONS Langenscheidt GmbH, Anne Pixaras, Stuttgart
Innenlayout: digraf.pl – dtp services
Satz: tebitron gmbh, Gerlingen
Druck und Bindung: Publikum d.o.o

ISBN: 978-3-12-566012-0

Staunen, schmunzeln & üben

Sie möchten Ihr Spanisch auffrischen und mehr über Spanien und Lateinamerika erfahren? Nutzen Sie die kleinen Pausen in Ihrem Alltag, um Ihr Wissen zu erweitern.

Jede Doppelseite steht unter einem Motto und bietet Unterhaltsames für fünf bis zehn Minuten – egal ob im Bus, im Wartezimmer oder auf dem stillen Örtchen. Nutzen Sie die kleinen Auszeiten des Tages für kuriose Fakten, witzige Anekdoten, Redewendungen und viel nützliches und unnützes Wissen rund um die spanischsprachigen Länder.

Bei einigen Rätseln müssen Sie sicherlich ein wenig raten und ausprobieren, aber die Lösungen am rechten Rand der Doppelseite helfen Ihnen. So erfahren Sie viel Interessantes, Unterhaltsames und Skurriles und beleben nebenher noch Ihr Spanisch.

Viel Spaß!

Ihre PONS-Redaktion

¡Que viva España!

Las comunidades autónomas

**Wie gut kennen Sie Spanien?
Ordnen Sie jeder Zahl auf der Karte
die entsprechende autonome Region zu.**

...... **A** Andalucía

...... **B** Aragón

...... **C** Principado de Asturias

...... **D** Islas Baleares

...... **E** Islas Canarias

...... **F** Cantabria

...... **G** Castilla-La Mancha

...... **H** Castilla y León

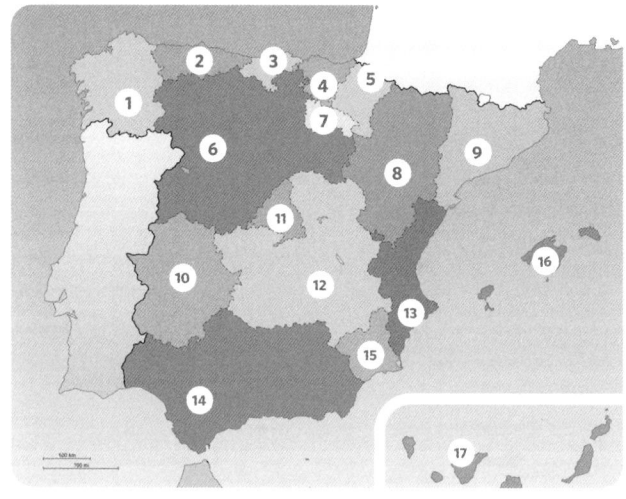

...... **J** Extremadura

...... **K** Galicia

...... **I** Cataluña

...... **M** Comunidad de Madrid

...... **O** Navarra

...... **P** Comunidad Valenciana

...... **L** La Rioja

...... **N** Murcia

...... **Q** País Vasco

Neben den siebzehn **comunidades autónomas,** hat Spanien zwei **ciudades
autónomas** im Norden Afrikas: **Ceuta**
und **Melilla.** Dazu kommen auch dort
einige unbewohnte kleine Inselgrup-
pen. Im Süden Spaniens befindet sich
die britische Kolonie Gibraltar, die
immer noch umstritten ist. Verloren
ging diese strategische Ecke durch
den Vertrag von Utrecht (1713),
der die bourbonische Dynastie
an den spanischen Thron brachte.

Las ciudades

**Bilden Sie aus folgenden Silben die Namen
von sechs berühmten Städten Spaniens.**

Símbolos

Símbolos

Was steht für Spanien?
Kreuzen Sie an.

1. ¿Cómo se llama el
   rey de España?
   - A Felipe González
   - B Felipe VI
   - C Francisco Franco
   - D Juan Carlos I

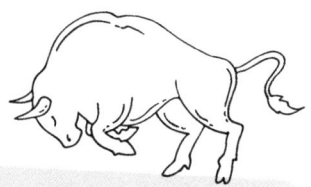

2. ¿Qué **no** es típico
   español?
   - A aceite de oliva
   - B jamón serrano
   - C vinho verde
   - D paella valenciana

3. ¿Qué animal es un
   símbolo de España?
   - A el pez
   - B el caballo
   - C el burro
   - D el toro

4. ¿Qué colores lleva
   la bandera española?
   - A amarillo - rojo - amarillo
   - B rojo - blanco - rojo
   - C rojo - amarillo - rojo
   - D azul - rojo - azul

Spanien ist der
größte Olivenöl-
produzent und
-exporteur der
Welt! In Andalusien
werden 82% dieses
grünen Goldes her-
gestellt – allein
in der **provincia
de Jaén** stehen
rund 70 Millionen
Olivenbäume!

El escudo de España

Sehen Sie sich das heutige Wappen Spaniens an. Können Sie den verschiedenen Symbolen das jeweilige frühere Königreich zuordnen?

...... **A** Castilla

...... **B** Aragón

...... **c** Navarra

...... **D** León

...... **E** Granada

Die vier ehemaligen Königreiche und Granada umrahmen die Lilien im Zentrum, welche die königliche Dynastie der Bourbonen symbolisieren. Die beiden Säulen, die Säulen des Herakles, stehen seit dem Altertum für die Meerenge von Gibraltar. Die Botschaft „plus ultra" (*darüber hinaus*) spielt darauf an, dass die bekannte Welt früher dort endete, die Spanier jedoch darüber hinaus noch bis Amerika fuhren.

Herencias de la historia

Civilizaciones de España

**Viele Völker hinterließen ihre Spuren in Spanien.
Ordnen Sie den Völkern ihre Beschreibung zu.**

1. Árabes (Desde 711 hasta 1492)

2. Íberos y celtas (Desde el siglo VII a.C.)

3. Visigodos (Desde el siglo V)

4. Griegos, fenicios y cartaginenses
   (Desde el siglo VIII a.C.)

5. Romanos (Desde el siglo I a.C.)

...... **A** Son los primeros pobladores
conocidos de
la península
ibérica.

...... **B** Son un pueblo
germánico que
funda un reino con
capital en Toledo.

...... **C** Durante casi ocho siglos
gobiernan parte de
España con capitales
como Córdoba o
Granada hasta que
son expulsados por
los reinos cristianos.

...... **D** Fundan colonias
comerciales como
Ibiza o Cádiz.

...... **E** Integran la península
en su imperio y dejan
su lengua, leyes y
religión.

Arquitectura de la historia

Erkennen Sie diese Bauwerke?
Verbinden Sie die Bauwerke mit ihren Erbauern.

mezquita de
Córdoba

Dama de Elche

muralla de Lugo

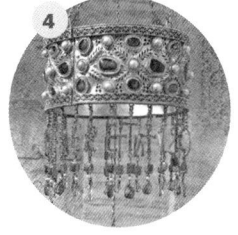

corona del rey
Recesvinto

castro de Baroña

...... **A** árabes

...... **B** romanos

...... **C** visigodos

...... **D** íberos

...... **E** celtas

Iconos de España

Monumentos

Erkennen Sie die Sehenswürdigkeiten auf den Fotos?

...... **A** La Giralda de Sevilla

...... **B** El acueducto
de Segovia

...... **C** La catedral
de Santiago
de Compostela

...... **D** La fuente de
Cibeles en Madrid

...... **E** El monasterio
de El Escorial

Españoles famosos

Sicherlich kennen Sie diese spanischen Berühmtheiten und können Sie ihren Berufen zuordnen.

Alejandro Sanz

Miguel de Cervantes

Pablo Picasso

...... **A** escritor/a

...... **B** cantante

...... **C** pintor/a

...... **D** actor/actriz

...... **E** tenista

...... **F** director/directora de cine

Pedro Almodóvar

Rafael Nadal

Penélope Cruz

Lenguas

Pequeña Babel

Wussten Sie, dass es in Spanien fünf offizielle *lenguas* Sprachen gibt? Vervollständigen Sie die Namen der Sprachen und ordnen Sie die Begrüßungs- und Abschiedsformeln „Guten Morgen" und „Auf Wiedersehen" der jeweiligen Sprache zu.

...... **A** Egun on/Agur

...... **B** Bon dia/Adéu

...... **C** Buenos días/Adiós

...... **D** Bos días/Adeus

...... **E** Bon dia/Adiu

1. ....r....nés 2. c....t....lán 3. eu....k....r....
4. ca........ella....o 5. ....all....go

Haben Sie alle Sprachen gefunden? Das ist gar nicht so einfach. **Aranés** ist eine Variante des Okzitanischen, die man in einem kleinen Tal in den Pyrenäen spricht. Baskisch (**euskera** auf Baskische) wird im Baskenland und in Teilen von Navarra gesprochen. Galicisch spricht man im Nordwesten Spaniens und Katalanisch in Katalonien, auf den Balearen und als eine Variante in Valencia (**valenciano**). Sie dachten, Sie lernen **español**? Richtig, man spricht aber auch von **castellano**, um die eigentliche Herkunft der Sprache hervorzuheben: die Sprache Kastiliens.

Español de Hispanoamérica

Meist klappt die Verständigung zwischen Spaniern und Lateinamerikanern reibungslos. Manchmal kommt es allerdings zu Missverständnissen. Kreuzen Sie an, wer was sagt!

	ESPAÑA	AMÉRICA
el autobús	●	●
la guagua	●	●
la frutilla	●	●
la fresa	●	●
el carro	●	●
el coche	●	●
el chancho	●	●
el cerdo	●	●

Mit über 500 Millionen Sprechern liegt Spanisch auf Platz vier der Weltsprachen und ist in über 20 Ländern Amtssprache.

Los "padres" de España

Die **Reyes Católicos**, *die Katholischen Könige*, **Isabel I von Kastilien** (1474–1504) und **Fernando II von Aragon** (1479–1516) brachten die jeweiligen Königreiche durch ihre Heirat unter einer Krone zusammen und gründeten so das Land, das wir heute als Spanien kennen. Selbst wenn es sich bei den beiden um zwei umstrittene Figuren Spaniens handelt, steht fest, dass sie schon damals als Vorreiter der Gleichheit zwischen Männern und Frauen galten. So kennt man heute noch den Spruch: **Tanto monta, monta tanto, Isabel como Fernando.** *(So wichtig ist Isabel wie es Fernando ist.)*

Los Reyes Católicos

Isabel I und Fernando II sind nicht nur für die spanische Geschichte wichtig, sie trugen auch zu der Entdeckung Lateinamerikas durch Kolumbus (auf Spanisch: Cristóbal Colón) bei. Verbinden Sie die Satzteile.

1. Los Reyes Católicos conquistaron...

2. En 1512 Castilla anexionó...

3. Isabel I prohibió...

4. La primera gramática de la lengua española se publicó...

5. En 1492 fueron expulsados...

6. Una hija de los Reyes Católicos, Juana la loca, fue la madre...

...... **A** ... del emperador Carlos V de Alemania, rey Carlos I de España.

...... **B** ... la esclavitud en los nuevos territorios descubiertos por Colón.

...... **C** ... el último reino árabe, el de Granada, en 1492.

...... **D** ... el reino de Navarra.

...... **E** ... en 1492 y el autor fue Nebrija.

...... **F** ... los judíos, que se conocieron por sefardíes.

LÖSUNG
Los Reyes Católicos: 1. C; 2. D; 3. B; 4. E; 5. F; 6. A

El Siglo XX

España en el siglo XX

Können Sie die Ereignisse aus Spaniens jüngerer Geschichte den entsprechenden Jahreszahlen zuordnen?

1. 1923–1930
2. 1936–1939
3. 1939–1975
4. 1976–1982
5. 1978
6. 1982
7. 1986

...... **A** Guerra Civil

...... **B** Dictadura del general Francisco Franco

...... **C** Transición a la democracia

...... **D** Dictadura del general Primo de Rivera bajo el rey Alfonso XIII

...... **E** Ingreso en la Comunidad Económica Europea

...... **F** Ingreso en la OTAN (NATO)

...... **G** España aprueba por referéndum su constitución democrática actual

La Guerra Civil

Unterstreichen Sie in den folgenden Fakten zum spanischen Bürgerkrieg die richtige Antwort.

1. En la Guerra Civil combatieron el bando nacional bajo el mando de Franco y el bando **republicano/comunista**, que defendía la Segunda República.

2. El bando nacional recibió ayuda de los regímenes fascistas como, por ejemplo, **Alemania/Francia**.

3. El bombardeo de la ciudad vasca de Guernica fue llevado a cabo por la fuerza aérea **italiana/alemana**.

4. Se cree que el número de víctimas de ambos bandos de la Guerra Civil fue de **seis millones/seiscientas mil**.

5. Muchas víctimas murieron **en campos de concentración/fusiladas en las cunetas de carreteras y bosques**, donde fueron enterradas anónimamente.

Als einer, der sich, wie er selbst sagte, angesichts eines solchen Konflikts nicht gleichgültig verhalten konnte, malte **Pablo Picasso** die Bombardierung Guernicas und schuf damit sein wohl bekanntestes Gemälde. Mit seinen imposanten Maßen von 27 m^2 ist das Bild im Madrider Museum **Reina Sofía** zu sehen.

Hacia la democracia

La vida durante el franquismo

Am Anfang der Diktatur litt Spanien unter
der internationalen Isolierung. Ab den 50er
Jahren erlebte die Wirtschaft Spaniens dank
der Industrialisierung und des Tourismus
einen Aufschwung, so dass Spanien am Ende
der Diktatur die 8. Position unter den
Wirtschaftsmächten einnahm.

**Das Leben hat sich im Laufe der Diktatur um einiges verändert,
doch vieles war immer von einer konservativen Sichtweise
bestimmt. Was zählt dazu? Kreuzen Sie an!**

	VERDADERO	FALSO
1. Estaba prohibido bailar.	○	○
2. Los libros y medios de comunicación estaban sometidos a censura.	○	○
3. La educación estaba en gran parte en manos de la iglesia católica.	○	○
4. Los españoles no podían salir del país.	○	○
5. Las mujeres necesitaban el permiso de un hombre para muchas cosas, como abrir una cuenta bancaria.	○	○
6. La dictadura era oficialmente una república:	○	○

Sistema político

Wie gut kennen Sie sich im politischen System Spaniens aus?

1. España es una...
2. El jefe del estado es...
3. La base de la democracia es...
4. El máximo órgano del poder judicial es...
5. El jefe de gobierno equivale...
6. El parlamento se llama...

...... **A** el Tribunal Supremo (oberster Gerichtshof).

...... **B** Cortes Generales.

...... **C** al Bundeskanzler alemán.

...... **D** monarquía parlamentaria.

...... **E** el rey de España.

...... **F** la Constitución de 1978.

Die erste Verfassung Spaniens ist die sogenannte Verfassung von **Cádiz.** Da sie am 19. März 1812 verkündet wurde, dem Tag des Heiligen Josef, ist sie auch unter dem Namen **La Pepa** bekannt. (**Pepe** ist der Spitzname für **José.**)

LÖSUNG
La vida durante el franquismo: Verdaderas: 2, 3, 5; Falsas: 1, 4, 6
Sistema político : 1. D, 2. E, 3. F, 4. A, 5. C, 6. B

19

Política y políticos

Partidos políticos

Welche spanischen Parteien stehen hinter den Abkürzungen und Namen?

1. PSOE
2. PP
3. BNG
4. Unidas-Podemos
5. Vox
6. PNV
7. ERC

...... **A** Linkes Bündnis
...... **B** Galicische Nationalisten
...... **C** Rechtspopulistische Partei
...... **D** Volkspartei
...... **E** Sozialdemokratische Partei
...... **F** Baskische Nationalisten
...... **G** Katalanische Nationalisten

Ni de política ni de religión. Man sagt, dass man am Tisch weder über Politik noch über Religion sprechen sollte. Und das ist mehr als nur eine Redewendung, denn in Spanien ist das Thema Politik eine Quelle für heftigen Streit. Vermeiden Sie das Thema! Sie könnten sehr schnell in die linke oder rechte Ecke gestellt und jeweils **izquierdoso/rojo** oder **facha** genannt werden.

Todos iguales... en algunas cosas

Verbinden Sie die Sätze und erfahren Sie einiges über die spanische Politik und Gesellschaft.

1. Aproximadamente un 30% de los alumnos españoles...

2. El himno de España...

3. El territorio español...

4. La dinastía actual de reyes...

5. La unidad electoral para elegir diputados y senadores...

6. El estado español no tiene...

7. Todavía un 70% de los españoles...

...... **A** ... es la de los Borbones.

...... **B** ... no tiene texto.

...... **C** ... va a colegios privados o concertados (privat aber vom Staat bezahlt)

...... **D** ... son las provincias.

...... **E** ... una religión oficial.

...... **F** ... se consideran católicos.

...... **G** ... está dividido en 17 comunidades autónomas y dos ciudades autónomas.

España es una fiesta

Fallas

Fiestas

Wo in Spanien finden diese Feste statt?

...... **A** Pamplona

...... **B** Valencia (Ciudad)

...... **C** Sevilla

...... **D** Galicia

...... **E** Valencia (Comunidad)

Feria de Abril

Moros y Cristianos

Sanfermines

Rapa das Bestas

Ein ebenso bekanntes wie auch umstrittenes Fest ist die **Tomatina** in Buñol (Valencia). Im Rekordjahr 2004 kamen 380 000 Menschen zur alljährlichen Tomatenschlacht, bei der 125 Tonnen Tomaten verbraucht wurden. Angefangen hat alles 1945, als es während einer Prozession zu einem Streit kam, bei dem die Kontrahenten zu Tomaten griffen.

Rincones de España

**Wie gut kennen Sie die Ecken und Winkel Spaniens?
Kreuzen Sie die richtige Antwort an.**

1. ¿Cuál es el río más
largo de España?
- A Tajo
- B Ebro

2. ¿Cómo se llama la
capital de la comunidad
de Extremadura?
- A Cáceres
- B Mérida

3. ¿Cómo se llama la
sierra de Mallorca?
- A Sierra Nevada
- B Tramuntana

4. ¿En qué comunidades se
encuentran las ciudades
de Zaragoza y Huesca?
- A Andalucía
- B Aragón

5. ¿Qué río pasa
por Sevilla?
- A Guadalquivir
- B Duero

6. ¿Cuál es el pico
más alto de España?
- A Teide
- B Mulhacén

Während der Vulkan **Teide** mit seinen 3718
Metern der höchsten Punkt Spaniens ist,
gilt der 3482 Meter hohe **Mulhacén** in der
Nähe von Granada, als der höchste Berg
auf der iberischen Halbinsel.

Navidades

Nochevieja

„Alte Nacht" nennt man den
Silvestertag in Spanien.
Wie wird er gefeiert?

1. An Silvester wird sie als
Glücksbringer getragen.
- ○ **A** ropa interior roja
- ○ **B** lazo azul
- ○ **C** zapato negro
- ○ **D** sombrero grande

2. Um Punkt 12
werden sie in die
Luft geschossen.
- ○ **A** lámparas
- ○ **B** cohetes
- ○ **C** luces
- ○ **D** linternas

3. Bei jedem der 12
Glockenschläge um
Mitternacht wird
eine gegessen.
- ○ **A** naranja
- ○ **B** castaña
- ○ **C** uva
- ○ **D** cereza

4. Wo steht die Uhr, nach der
sich ganz Spanien zum
Anstoßen richtet?
- ○ **A** Catedral, Valencia
- ○ **B** Plaza de España, Sevilla
- ○ **C** Sagrada Familia, Barcelona
- ○ **D** Puerta del Sol, Madrid

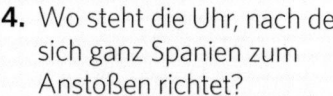

Feliz Navidad

Genauso wie in Deutschland, ist Weihnachten in Spanien ein Familienfest. Es gibt jedoch einige Unterschiede. Kennen Sie diese? Kreuzen Sie an!

1. Los regalos en España se dan tradicionalmente el 6 de enero y los traen...
○ **A** un Papá Noel retrasado.
○ **B** los Reyes Magos.

2. El postre típico con miel y almendras (*Honig und Mandel*) se llama...
○ **A** turrón.
○ **B** roscón.

3. La lotería de Navidad es la más importante del año y el premio principal se llama:
○ **A** el Grande.
○ **B** el Gordo.

Am Vortag des 6. Januar finden überall in Spanien Paraden statt. Als **Reyes Magos** (Heiligen Drei Könige) verkleidete Leute fahren auf geschmückten Karossen durch die ganze Stadt bis zum Rathaus. Am 6. Januar isst man **el roscón**, einen runden Hefekuchen, in dem auch eine kleine Figur versteckt ist. Wer sie findet muss den Kuchen bezahlen (oder wird je nach Region, einfach Glück im kommenden Jahr haben).

Fechas especiales

El día del santo

So wichtig wie der Geburtstag ist in Spanien der Namenstag. Vor allem bei Namen, die auf populäre Heilige und deren Feste verweisen, wie San José am 19. März oder Carmen am 15. Juli. Viele Frauennamen haben ihren Ursprung in einem der verschiedenen Heiligtümer der Jungfrau María, z.B. María de los Dolores oder María del Mar.

Hipocorísticos sind familiäre Varianten von offiziellen Namen. Welche kennen Sie?

1. Ramón   ...... **A** Manolo
2. Concepción   ...... **B** Charo
3. Rosario   ...... **C** Pepe
4. José   ...... **D** Nacho
5. Francisco   ...... **E** Moncho
6. Ignacio   ...... **F** Concha
7. Manuel   ...... **G** Lola
8. Dolores   ...... **H** Paco/Kiko

Nomen est omen

Einige Namen sind zum Inbegriff bestimmter Eigenschaften geworden? Können Sie diese Definitionen mit den Namen ergänzen?

don Juan

Rodríguez

Celestina

Quijote

Maruja

1. Cuando alguien, normalmente un hombre, se quedaba solo en casa mientras su familia estaba de vacaciones, se decía que estaba de ....

2. Normalmente una mujer sin mucha cultura que solo sabe hacer tareas del hogar y hablar de la vida de los demás es una ....

3. Una persona que se dedica a unir a otras personas con fines sexuales o sentimentales, es una ....

4. Una persona que tiene ideas fantásticas imposibles de realizar es un ....

5. Un hombre muy seductor es un ....

Traditionell gab man dem/der Erstgeborenen den Namen des Vaters bzw. der Mutter, so dass es oft einen Opa José, einen Vater José und einen Sohn José gab. Wohl um Missverständnisse zu vermeiden, übersprang man dann eine Generation: Opa José, Vater Manuel und Sohn José. Früher waren auch Doppelnamen mit José oder María sehr üblich: José María, José Manuel, María del Carmen, María Jesús …

LÖSUNG
El día del santo: 1. E; 2. F; 3. B; 4. C; 5. H; 6. D; 7. A; 8. G
Nomen est omen: 1. Rodríguez; 2. maruja; 3. Celestina; 4. Quijote; 5. Don Juan

Los medios

Periódicos y revistas

Kennen Sie die großen spanischen Zeitungen und Zeitschriften? Finden Sie acht Namen in der Wortschlange und ordnen Sie diese den drei Kategorien zu.

DEHOLAYDISIELMUNDONOSELPAISQUEAMARCAYTRMBASDLOABCQUESIDIEZMINUTOSENLAVANGUARDIACON

prensa general	prensa deportiva	prensa rosa

Die **prensa rosa** *(Boulevard Presse)* spielt in Spanien noch eine sehr wichtige Rolle unter den Medien. Auf Zeitschriften wie „**Lecturas**", „**Hola**" oder „**Diez Minutos**" zu erscheinen ist der Beweis dafür, dass man ein Star geworden ist.

Los medios

Kennen Sie die spanischen Medien? Kreuzen Sie an!

1. La radio pública española se llama...
- ○ **A** RNE
- ○ **B** Radio Toro
- ○ **C** Cope

2. Ejemplos de cadenas de televisión privadas son...
- ○ **A** La 1
- ○ **B** Telecinco
- ○ **C** Cuatro

3. La plataforma de televisión digital de España se llama...
- ○ **A** Sky
- ○ **B** Netflix
- ○ **C** Movistar+

4. No es un presentador de televisión famoso:
- ○ **A** Jorge Javier Vázquez
- ○ **B** Ana Blanco
- ○ **C** Almudena Grandes

Passen Sie auf mit diesen falschen Freunden: **los medios** *(die Medien)* – **las medias** *(die Strumpfhose)*; **el programa** *(die Sendung)* – **el canal/la cadena** *(das Programm)*; **el moderador** *(eher nur Diskussionsleiter)* – **el presentador** *(der Moderator)*.

El sexto arte

Trivial de cine español

Kennen Sie diese Fakten über die spanische Filmgeschichte? Ergänzen Sie die Aussagen mit den vorgegebenen Namen.

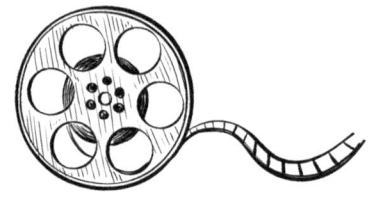

José Luis Garci   Spaghetti Western   Goya

Imperio Argentina   Dalí   Francisco Franco

1. .... fue una de las primeras estrellas del cine español. Llegó a rodar en los estudios de la UFA en Berlín durante el periodo del Tercer Reich.

2. .... y Luis Buñuel rodaron una de las películas más famosas del surrealismo, "Un perro andaluz".

3. .... se interesó por el cine y escribió incluso el guion de una película propagandística, "Raza".

4. .... ganó el primer Óscar para el cine español en 1982 con la película "Volver a empezar".

5. El equivalente a los Óscar de Hollywood en España se llaman premios ....

6. El desierto de Tabernas o el cabo de Gata, en Andalucía, fueron escenario de muchas películas del género llamado

....

Der Diktator Francisco Franco erkannte bald die Faszination, die die Filme auf die Bürger hatten, und nutzte das Medium aus, um die Bevölkerung mit bombastischen Nachrichten über das Regime zu beeinflus- sen. Dazu benutzte er eine Art Dokumentarfilm, den **No-Do (Noticiarios y Documentales),** den man zwischen 1942 und 1981 vor jedem Film zeigen musste.

Vamos al cine

Cine español

Ordnen Sie diese bekannten Filme ihren RegisseurINnen zu!

1. La comunidad (2000)
2. Todo sobre mi madre (1999)
3. Te doy mis ojos (2003)
4. Mar adentro (2004)
5. Elisa & Marcela (2019)
6. Belle Époque (1992)

...... **A** Fernando Trueba

...... **B** Álex de la Iglesia

...... **C** Icíar Bollaín

...... **D** Isabell Coixet

...... **E** Alejandro Amenábar

...... **F** Pedro Almodóvar

Das erste Filmfestival von San Sebastián kam im Jahr 1953 zustande und wurde bald zu einem der bedeutendsten der Filmindustrie. Es findet im September statt und die Hauptpreise sind die **Concha de Oro** für den besten Film und die **Concha de Plata** jeweils für den besten Regisseur, Schauspieler und Schauspielerin. Der Name verweist auf den **Paseo de la Concha**, die Strandpromenade in San Sebastián.

Golosinas y más

Wie heißen die folgenden Knabbereien auf Spanisch?

...... **A** caramelos

...... **B** helados

...... **C** pipas

...... **D** chicles

...... **E** piruletas

...... **F** patatas fritas

...... **G** gusanitos

Oft sieht man Gruppen von Jugendlichen, die Sonnenblumenkerne, meistens gebraten und gesalzen, mit den Zähnen aufknacken, den Kern essen und die Schale (leider) auf den Boden werfen. **Palomitas** *(Popcorn)* zum Film im Kino oder zu Hause ist ein Muss für viele Menschen.

El libro español

Don Quijote

Miguel de Cervantes ist wohl der bekannteste spanische Schriftsteller. Bringen Sie diese kurze Zusammenfassung seines Hauptwerkes Don Quijote in die richtige Reihenfolge.

A Con sus armas, su caballo Rocinante y desde su segunda salida acompañado por Sancho Panza corre mil aventuras.

B Generalmente sale malparado de las aventuras hasta que al final muere.

C El Quijote narra la historia de un hidalgo manchego que se vuelve loco por leer muchos libros de caballerías.

D En su mente confunde la realidad y la literatura y así la venta de un camino (*der Gasthof*) le parecerá un castillo y los molinos serán gigantes.

E Tiene la idea de hacerse caballero y salir de su aldea en busca de aventuras similares a las de sus libros.

Richtige Reihenfolge: ....

Das wohl berühmteste spanische Buch heißt richtig: **„El ingenioso hidalgo Don Quixote de la Mancha"** und handelt von dem verarmten Landadligen **Don Quijote** aus **la Mancha,** einem ländlichen Gebiet in der Mitte Spaniens. Er taucht in die Fantasiewelt seiner Ritterromane ab und möchte zum Verteidiger alles Guten werden. Mit seinem Knappen **Sancho Panza** unternimmt er Abenteuerreisen, die ihn auch zu seinem vergeblichen, sprichwörtlich gewordenen Kampf gegen Windmühlen führen.

Miguel de Cervantes (1547–1616) gilt als der Nationaldichter Spaniens. Sein äußerst bewegtes Leben (u. a. in der Marine, als Sklave in Algier, als Steuereintreiber) führt ihn schließlich wegen Unterschlagung ins Gefängnis, wo er 1605 sein berühmtestes Werk über Don Quijote schreibt.
Nach Cervantes ist auch der bedeutendste Literaturpreis der spanischsprachigen Welt benannt, der **Premio Miguel de Cervantes,** der an einen spanischen oder einen lateinamerikanischen Autor verliehen wird.

Literatura española

Autores y obras

Können Sie diese berühmten modernen Autoren ihren Werken zuordnen?

1. Arturo Pérez-Reverte

2. Almudena Grandes

3. Carlos Ruíz Zafón

4. Lucía Etxebarría

5. Camilo José Cela

6. Carmen Martín Gaite

7. Javier Marías

8. Ana María Matute

...... **A** La Colmena

...... **B** Caperucita Roja en Manhattan

...... **C** Olvidado Rey Gudú

...... **D** Las edades de Lulú

...... **E** Beatriz y los cuerpos celestes

...... **F** La sombra del viento

...... **G** El capitán Alatriste

...... **H** Corazón tan blanco

Literatura de Hispanoamérica

Mario Vargas Llosa und Isabel Allende sind wohl zwei der wichtigsten Autoren der modernen lateinamerikanischen Literatur. Können Sie die Informationen zu ihnen ergänzen?

„La casa de los espíritus"

Perú

diplomático

presidente

Nobel

Hans Christian Andersen

Perú

Derecho

„La ciudad y los perros"

Mario Vargas Llosa nació en .... en 1936.

Fue candidato a .... de su país en 1990.

Una de sus novelas más famosas es ....

Recibió el premio .... en 2011.

Isabel Allende nació en .... en 1942.

Su padre era .... y por eso vivió en diferentes países del mundo.

Una de sus novelas más famosas es ....

Recibió el premio .... en 2012.

¿De qué va la historia?

Géneros

ciencia-ficción

Welches literarische Genre passt zu diesen Handlungen? Verbinden Sie!

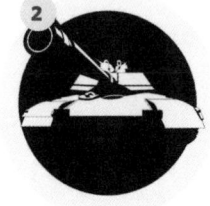

ensayo

...... **A** Marta conoce a Gonzalo en un tren. Después no puede dejar de pensar en él.

policíaca

...... **B** Se habla de la situación política actual.

...... **C** Silvia oye un disparo en la noche.

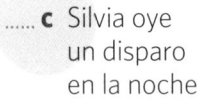

terror

...... **D** Hay un hombre-lobo en la ciudad.

...... **E** Marco es un astronauta de camino a Urano.

novela romántica

Telenovelas

Vor allem in den 80ern und 90ern Jahren waren die *telenovelas* die populärsten Sendungen überhaupt in den spanischen und lateinamerikanischen Fernsehprogrammen. Kennen Sie die Merkmale einer *telenovela*? Wählen Sie die passende Option!

1. La protagonista suele ser una chica **rica/pobre**.

2. La protagonista se enamora de un hombre que está **soltero/casado**.

3. El protagonista está normalmente casado con una mujer rica y **mala/buena**.

4. La protagonista es finalmente la **hija/madre** secreta de un señor muy rico.

5. La protagonista y el protagonista al final **se mueren/ se casan**.

Un sentido del humor diferente

Chistes de Lepe

Was die Ostfriesenwitze bei uns sind, sind in Spanien die chistes de Lepe. Lepe ist eine kleine Fischerstadt in Andalusien. Die Witze fangen oft mit einer Frage an, auf die eine Antwort folgt. Wollen Sie es mal versuchen? Finden Sie die passenden Antworten auf die Fragen!

1. ¿Por qué en Lepe los semáforos están unos metros más alto de lo normal?

...... **A** Para leer las noticias frescas...

2. ¿Por qué los de Lepe meten el periódico en la nevera?

...... **B** Para que nadie se los salte.

3. ¿Qué hace un lepero con un sobre de kétchup en la oreja?

4. ¿Por qué los vampiros de Lepe van en tractor?

...... **C** Para sembrar (*säen*) el panico.

...... **D** Escuchar salsa.

Aprilscherze in Dezember?

In Spanien wird am 28. Dezember der Tag der **Santos Inocentes**, der *Tag der Unschuldigen Kinder* gefeiert. Eigentlich ein trauriger Anlass, denn an diesem Tag werden die unschuldigen Kinder geehrt, die König Herodes zur Zeit der Geburt von Jesus umbringen ließ.

Der Tag hat heute jedoch auch eine viel fröhlichere Seite: An diesem Tag werden auch die berühmten **inocentadas** gemacht, das sind Streiche und Falschmeldungen, wie wir sie vom 1. April kennen. Zu dem Brauch gehört auch, eine Puppe aus Papier oder Pappe auf den Rücken einer Person zu kleben, ohne dass diese es merkt. Auf vielen Weihnachtsmärkten gibt es auch unterschiedliche Scherzartikel für diesen Tag zu kaufen (Juckpulver, Zaubertinte etc.).

¡FELIZ DÍA DE LOS INOCENTES!

De camino al nuevo mundo

Entre España y América

Kennen Sie sich im Zeitalter von Christoph Kolumbus aus? Welche Lösung ist richtig?

1. ¿Cómo se llamaban las tres carabelas (*Karavellen*) de Cristóbal Colón?
   - A María, José y Jesús
   - B Pinta, Nena y Santa Ana
   - C Pinta, Niña y Santa María
   - D María, Dolores y Concepción

2. ¿Dónde está el Puerto de Palos del que salió Colón en 1492?
   - A Andalucía
   - B Murcia
   - C Barcelona
   - D Valencia

3. ¿Cuántos viajes realizó Colón?
   - A dos
   - B tres
   - C cuatro
   - D cinco

4. ¿Quién apoyó y financió los viajes de Colón?
   - A los Borbones
   - B los Reyes Magos
   - C Carlos I
   - D los Reyes Católicos Fernando e Isabel

Bis zu seinem Tod im Jahr 1506 glaubte Christoph Kolumbus, mit der Entdeckung Amerikas den westlichen Weg nach Asien gefunden zu haben. Erst die Weltumseglung Magellans im Jahr 1522 widerlegte diese Annahme.

Las Islas Canarias

Die Kanarischen Inseln bestehen aus 7 Inseln mit eigener Verwaltung, einer weiteren bewohnten Insel und fünf unbewohnten Insel. Finden Sie die Namen der sieben Kanarischen Hauptinseln?

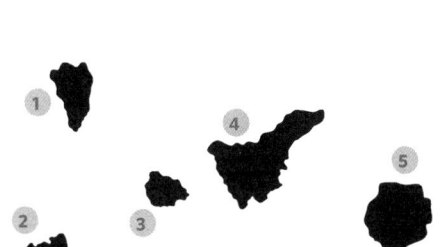

E	N	L	A	G	O	M	E	R	A	N	T	I	S
L	R	A	N	D	R	E	N	I	S	I	A	T	O
S	I	N	L	A	I	S	L	O	Y	A	T	E	R
E	P	Z	A	N	D	I	S	D	E	L	E	N	D
G	R	A	N	C	A	N	A	R	I	A	R	E	I
A	I	R	C	O	N	U	N	L	I	P	C	R	S
R	N	O	P	A	L	E	S	E	N	A	E	I	P
D	E	T	E	R	I	O	C	O	S	L	R	F	A
O	O	E	L	H	I	E	R	R	O	M	O	E	R
R	S	M	E	N	O	R	D	E	L	A	M	N	A
A	F	U	E	R	T	E	V	E	N	T	U	R	A
D	E	P	O	Q	U	E	R	E	R	Y	L	O	N

1.

2.

3.

4.

5.

6.

7.

Las Canarias

No solo playa...

Welche Infos über die Kanaren stimmen und welche nicht? Kreuzen Sie die richtigen Aussagen an.

○ **1.** Las islas Canarias se llaman también las islas Afortunadas.

○ **2.** El Teide es el tercer volcán más alto del mundo.

○ **3.** Las Canarias tienen la misma hora que en la península ibérica.

○ **4.** El nombre de las islas viene de la palabra "can" (perro) por la cantidad de ellos que encontraron allí los primeros visitantes.

○ **5.** El primer museo submarino con obras de Jason de Caires Taylor se encuentra en Lanzarote.

○ **6.** El IVA en Canarias es el doble que en la península ibérica.

○ **7.** La diferencia de temperatura en entre los inviernos y veranos es extrema.

○ **8.** Los habitantes originales de las islas eran los guanches, de origen probablemente bereber.

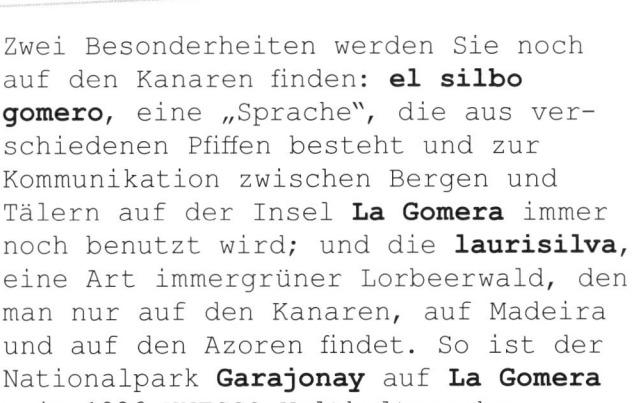

Zwei Besonderheiten werden Sie noch auf den Kanaren finden: **el silbo gomero,** eine „Sprache", die aus verschiedenen Pfiffen besteht und zur Kommunikation zwischen Bergen und Tälern auf der Insel **La Gomera** immer noch benutzt wird; und die **laurisilva,** eine Art immergrüner Lorbeerwald, den man nur auf den Kanaren, auf Madeira und auf den Azoren findet. So ist der Nationalpark **Garajonay** auf **La Gomera** seit 1986 UNESCO-Weltkulturerbe.

Unas islas con mucho que ver

Montañas y más

Der höchste Berg Spaniens befindet sich auf den Kanaren. Wie heißt er? Die hervorgehobenen Buchstaben ergeben das Lösungswort.

1. océano en el que se encuentran las Islas Canarias

… … … … … … … … …

2. montañas entre España y Francia   … … … … … … … …

3. principal sector económico en Canarias   … … … … … … …

4. macizo montañoso en la provincia de Granada

… … … … … …   … … … … … …

5. país africano al este de las Islas Canarias   … … … … … … … … …

Lösungswort: ....

Monumentos Naturales

**Die Kanarischen Inseln sind ein Naturerlebnis.
Kennen Sie diese Naturschönheiten?**

...... **A** Parque Nacional
del Teide (Tenerife)

...... **B** El Roque de
Bonanza (El Hierro)

...... **C** Dunas de
Maspalomas
(Gran Canaria)

...... **D** Parque Nacional
de Timanfaya
(Lanzarote)

Comida Canaria

Papas arrugadas con mojo

Die **Papas Arrugadas** (zu Deutsch: *Schrumpelkartoffeln*) sind eine kanarische Delikatesse und werden als Beilage serviert oder aber mit einer *roten Soße* (**Mojo rojo**) als eigenes Gericht oder als Tapas. Für die Soße hat jede Familie ihr eigenes Geheimrezept. Hier die Zutaten für dieses Gericht:

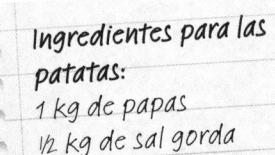

Ingredientes para las patatas:
1 kg de papas
½ kg de sal gorda

Ingredientes para el mojo:
½ kg de tomates
3 dientes de ajo
pimentón rojo
1 tacita de aceite de oliva
1 tacita de vinagre
pizca de comino
sal y pimienta

Bringen Sie nun das Rezept dieser kanarischen Spezialität in die richtige Reihenfolge.

A Escurrir las papas cocidas sin destapar del todo la cacerola.

B Poner todos los ingredientes para el mojo en una batidora.

C Poner las papas en una cacerola amplia con tapadera, cubrirlas con agua fría y echar sal gorda.

D Añadir sal y pimienta.

E Mantener la cacerola durante 10 minutos más sobre el fuego apagado y agitar cada 2 minutos.

F Comprobar con un cuchillo si las papas están cocidas.

G Tapar y cocer a fuego vivo durante 10 minutos.

Richtige Reihenfolge: ....

Cataluña

Una región peculiar

Wie gut kennen Sie Katalonien?
Kreuzen Sie an!

1. En Cataluña, además de español y catalán, se habla...
- ○ **A** gallego.
- ○ **B** aranés.
- ○ **C** vascuence.

2. Las provincias de Cataluña son cuatro: Barcelona, Gerona (Girona en catalán), Tarragona y...
- ○ **A** Lérida (Lleida).
- ○ **B** Alicante.
- ○ **C** Huesca.

3. La sardana es...
- ○ **A** un baile.
- ○ **B** un plato típico.
- ○ **C** una bebida.

4. Los castells son...
- ○ **A** monumentos romanos.
- ○ **B** castillos medievales.
- ○ **C** torres humanas.

Katalonien nimmt, neben Galicien, dem Baskenland und Navarra, eine Sonderstellung innerhalb der Regionen Spaniens ein, so dass Katalonien sogar eine eigene Polizei hat, die **Mossos d'Esquadra.** Die Autonomiebestrebungen der letzten Jahre führten allerdings auch zu vielen Konflikten zwischen Katalonien und der spanischen Zentralregierung.

¿Parles Català?

Finden Sie heraus, was die folgenden katalanischen Wörter auf Deutsch bedeuten! Und wie lautet die spanische Entsprechung?

1. Benvinguts.

2. Si us plau.

3. Bon profit.

4. Gràcies.

...... **A** Danke. ....

...... **B** Bitte. ....

...... **C** Guten Appetit! ....

...... **D** Herzlich willkommen! ....

Catalán, Amtssprache in Katalonien, ist allgegenwärtig. Verkehrsschilder und Tafeln in Bars, Cafés und Supermärkten sind oft nur einsprachig auf Katalanisch beschriftet.

Barcelona

Barcelona y sus monumentos

**Erkennen Sie die Sehens-
würdigkeiten auf den Fotos?**

...... **A** Sagrada Familia

...... **B** Catedral

...... **C** Monumento
a Colón

...... **D** Casa Milà
(La Pedrera)

...... **E** Mercado
de la Boquería

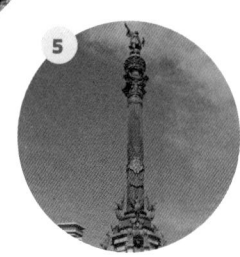

El modernismo

Der **modernismo** prägt das Stadtbild Barcelonas.
Kennen Sie sich im katalanischen Jugendstil aus?
Ordnen Sie zu.

1. Els quatre gats

2. Antoní Gaudí

3. Lluís Domènech

4. Parc Güell

...... **A** bekanntester Architekt des Modernismus

...... **B** Erbauer des Castell dels tres dragons

...... **C** berühmte Gartenanlage von Gaudí

...... **D** Café, das als Treffpunkt der Modernisten galt

In keiner anderen Stadt gibt es so viele Bauwerke, die zum UNESCO-Weltkulturerbe gehören! Insgesamt sind es neun, und alle gehören zum **modernismo.** Barcelona diente vielen Regisseuren als Filmkulisse. Unter anderem wurden „Das Parfüm", „L'Auberge Espagnole" und „Todo sobre mi madre" *(Alles über meine Mutter)* hier gedreht.

Muy catalán

Pa Amb Tomàquet

Lecker und doch einfach ist diese katalanische Spezialität, die auf keinem Tisch fehlen darf. Bringen Sie das Rezept für pan con tomate in die richtige Reihenfolge.

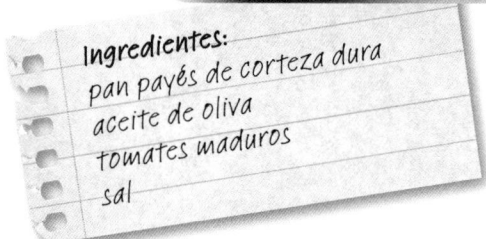

Ingredientes:
pan payés de corteza dura
aceite de oliva
tomates maduros
sal

A Partir los tomates por la mitad y restregarlos en el pan.

B Rociar con aceite de oliva.

C Cortar el pan payés en rebanadas. Se puede tostar previamente.

D Espolvorear con un poco de sal.

Richtige Reihenfolge: ....

Catalanes famosos

Bringen Sie die Silben in die richtige Reihenfolge und finden Sie so die Namen berühmter Katalanen!

1. Una cantante de ópera:
Montserrat ... llé-ca-ba

....

2. Un cantante de ópera:
Josep ... rre-ras-ca

....

3. Un pintor surrealista:
Salvador ... lí-da

....

4. Un jugador de baloncesto:
Pau ... sol-ga

....

5. Un exjugador y entrenador de fútbol:
Pep ... la-dio-guar

....

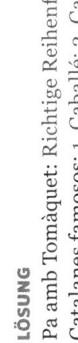

LÖSUNG
Pa amb Tomàquet: Richtige Reihenfolge: C, A, B, D
Catalanes famosos: 1. Caballé; 2. Carreras; 3. Dalí; 4. Gasol; 5. Guardiola

55

Islas para soñar

Las Islas Baleares

Welche vier Inseln gehören zu den Balearen?
Finden Sie sie auf der Karte?

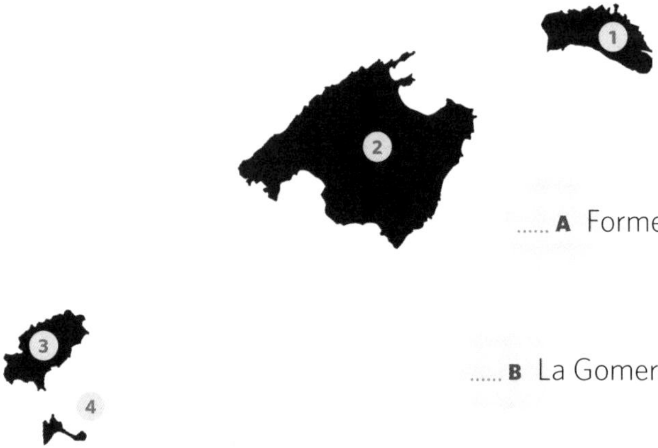

...... **A** Formentera

...... **B** La Gomera

...... **C** Menorca

...... **D** El Hierro

...... **E** Mallorca   ...... **F** Ibiza

...... **G** Fuerteventura   ...... **H** Lanzarote

Puntos de interés

Kennen Sie die Sehenswürdigkeiten auf den Fotos?

...... **A** Catedral de Palma

...... **B** Naveta des Tudons

...... **C** La Cartuja de Valldemossa

...... **D** Castillo de Bellver

...... **E** Torrent de Pareis

No solo Ballermann

Made In Mallorca

Welche weltweit bekannten Produkte werden auf Mallorca hergestellt?

○ **1.** los zapatos Camper

○ **2.** la ensaimada (un tipo de dulce)

○ **3.** pelotas de fútbol

○ **4.** perfume de flor de almendra

○ **5.** el cava Freixenet

○ **6.** perlas artificiales

○ **7.** el coche Seat Ibiza

○ **8.** las botas cowboy Tony Mora

International bekannt ist auch die Mode der Insel Ibiza, die aus Strohhüten, Schuhen und Sandalen mit Bast-Sohlen und weit geschnittener, meist weißer Kleidung besteht. Entstanden zur Hippiezeit der 70er trägt sie den Namen „adlib" und passt zu den weiß gestrichenen Häusern der UNESCO-Kulturerbe Altstadt Ibiza.

Mallorca y sus famosos

**Welche berühmten Persönlichkeiten verstecken
sich hinter den Aussagen?**

1. Nació en Mallorca.
  - ○ **A** La reina Letizia
  - ○ **B** Rafael Nadal
  - ○ **C** Enrique Iglesias

2. Entre los años 1956 y
1983 vivió en Mallorca.
  - ○ **A** Joan Miró
  - ○ **B** Pablo Picasso
  - ○ **C** Salvador Dalí

3. Pasaron el invierno en la isla
entre los años 1838/1839.
  - ○ **A** George Sand y Frédéric Chopin
  - ○ **B** La pareja imperial Sissi y Franz-Joseph
  - ○ **C** Caspar David-Friedrich y Goethe.

4. Todos los años veranean en Mallorca,
en el palacio de Marivent.
  - ○ **A** la familia real española
  - ○ **B** Penélope Cruz y Carlos Bardem
  - ○ **C** la selección nacional de fútbol

LÖSUNG
Made in Mallorca: 1, 2, 4, 6, 8
Mallorca y sus famosos: 1. B; 2. A; 3. A; 4. A

Tierra de misterio

Galicia

Welche Elemente Galiciens kennen Sie? Verbinden Sie die Begriffe mit dem Bild!

...... **A** pimientos de Padrón

...... **B** meiga

...... **c** tarta de Santiago

...... **D** hórreo

...... **E** gaita　　...... **F** ría

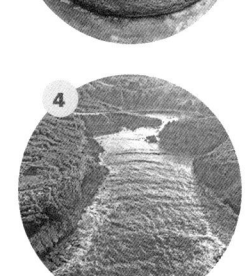

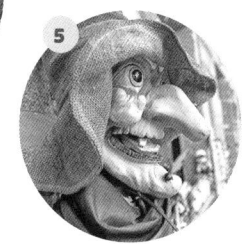

Galicia oder *das Land der Hexen* (**o país das meigas,** auf Galicisch) ist die nordwestliche Ecke Spaniens. Sehr grün und regnerisch, im Gegensatz zum üblichen Bild Spaniens. Typisch für die Landschaft sind auch die **rías,** eine Art Fjord.

¿De Verdad?

Welche der folgenden Tatsachen stimmen?

	VERDADERO	FALSO
1. El santuario de San Andrés de Teixido se encuentra cerca de los acantilados (*Steilküste*) más altos de Europa.	●	●
2. La capital de Galicia es Oviedo.	●	●
3. En Galicia hay muchos restos de los árabes.	●	●
4. Uno de los pueblos que vivieron en el territorio gallego fueron los celtas.	●	●
5. Los gallegos tienen fama de supersticiosos.	●	●
6. El marisco es uno de los productos más famosos de Galicia.	●	●
7. El movimiento independentista es muy fuerte en Galicia.	●	●

Galego (*Galicisch*) ist die Amtssprache der gleichnamigen Region. Im Mittelalter bildete sie eine Einheit mit dem Portugiesischen, aber nach der Unabhängigkeit des südlichen Königreiches, entwickelten sich beide Sprachvarianten auseinander, wobei man einander fast problemlos verstehen kann. Ein bekanntes Wort ist **morriña** (*Heimweh*), wofür es auf Spanisch keine völlige Entsprechung gibt.

La columna de Europa

El camino de Santiago

Begeben Sie sich auf den Jakobsweg und ordnen Sie zu.

1. El camino más conocido y frecuentado es...

2. El símbolo de peregrinaje desde la Edad Media es...

3. El camino de Santiago es...

4. El camino lleva hasta...

5. En el año 1982 vino de visita...

6. Al final del camino los peregrinos reciben...

...... **A** Patrimonio de la Humanidad.

...... **B** la vieira (*Jakobsmuschel*).

...... **C** el sepulcro del apóstol Santiago el Mayor.

...... **E** el camino francés.

...... **D** la Compostela (un certificado).

...... **F** el Papa Juan Pablo II.

Monumentos del Camino

Welche Sehenswürdigkeiten des Jakobswegs sind auf den Fotos zu sehen? Können Sie sie in die richtige Reihenfolge des Weges bringen, wenn man an den Pyrenäen anfängt?

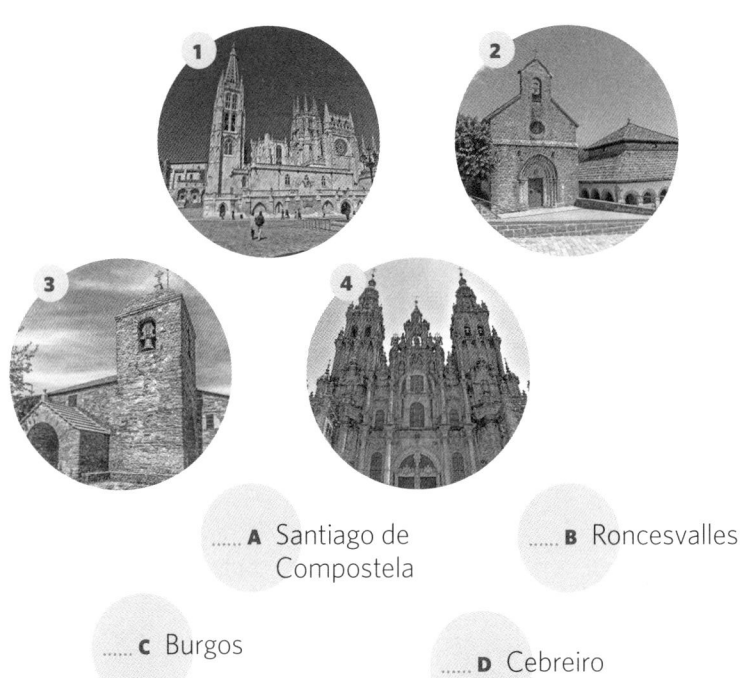

...... **A** Santiago de Compostela

...... **B** Roncesvalles

...... **c** Burgos

...... **D** Cebreiro

Der Jakobsweg entstand nach der Entdeckung der Reliquien des Apostels Jakob im 9. Jahrhundert in Santiago de Compostela. Es bildete sich schnell eine Pilgerroute aus ganz Europa, die in Galicien endete.

De Madrid al cielo

Símbolos de Madrid

**Kennen Sie die Symbole und Wahrzeichen Madrids?
Verbinden Sie sie mit den Bildern!**

...... **A** La puerta de Alcalá

...... **B** El oso y el madroño

...... **c** El Palacio Real

...... **D** La catedral
de la Almudena

...... **E** La fuente de Cibeles

...... **F** Calle Gran Vía

El kilómetro cero

Ein guter Ausgangspunkt nicht nur für die nächtlichen Streifzüge durch Madrid ist die **Puerta del Sol**. Hier findet man den in Stein eingravierten **kilómetro cero**, von dem aus alle Nationalstraßen Spaniens starten. An der Puerta del Sol steht auch die berühmte Statue **El oso y el madroño** – das Wahrzeichen Madrids.

Die **chulapos** sind die Madrider Version der bayerischen Paare mit Dirndl und Lederhosen. Vor allem an den Hauptfesten der Stadt, **Virgen de la Paloma** (am 15. August) oder **San Isidro** (am 15. Mai), tragen viele Einwohner der Stadt diese traditionelle Kleidung. Darin tanzt man auch den **chotis**, einen für Madrid typischen Tanz.

LÖSUNG
Símbolos de Madrid: 1. D; 2. A; 3. F; 4. C; 5. B; 6. E

Una capital cultural

Madrid y el arte

Als Kunstmetropole beherbergt Madrid Museen von Weltklasse. Können Sie die berühmten Werke, die in diesen Museen zu finden sind, ihren spanischen Malern zuordnen?

1. Retrato de Gala
2. Las Meninas
3. El Guernica
4. Los fusilamientos del tres de mayo
5. Canto de las espigas
6. Retrato de un caballero

...... **A** El Greco
...... **B** Diego Velázquez
...... **C** Francisco de Goya
...... **D** Salvador Dalí
...... **E** Pablo Picasso
...... **F** Maruja Mallo

El Greco war ein Maler aus dem 16. Jh. aus Griechenland (daher der Name). Er kam nach Spanien in der Hoffnung, Hofmaler zu werden, doch sein Werk gefiel dem damaligen König, Philipp II, nicht. Sein Stil bleibt sehr eigenartig: schlanke gespenstartige Figuren, eine meist dunkle Farbenpalette und triste Landschaften.

La movida madrileña

Kennen Sie sich aus in der Kulturbewegung, die ganz Spanien beeinflusste? Wählen Sie den richtigen Begriff aus.

1. Sie entstand nach dem Ende der Diktatur Francos und ging bis Mitte der **80er/90er** Jahre.

2. Typisch für die **movida** ist ein **schriller und exaltierter/ruhiger und dunkler** Stil.

3. Ein Vertreter der **movida** ist der Filmemacher **Alex de la Iglesia/Pedro Almodóvar**.

4. Die laute Musik von **Alaska/Julio Iglesias** war ebenso charakteristisch.

5. Noch heute gibt es einige Bars im Madrider Viertel **Salamanca/Malasaña**, die aus dieser Zeit stammen.

6. Der Slogan **«Madrid nunca duerme»/«De Madrid al cielo»** stammt von der **movida** und wird noch heute verwendet.

Die alte Redensart **De Madrid al cielo** stammt aus dem ausgehenden 18. Jahrhundert, als **Carlos III** die Stadt bedeutend verschönerte, und drückt den Stolz der Madrilenen auf ihre Hauptstadt aus. Komplett lautet sie: **De Madrid al cielo, y en el cielo, un agujerito para verlo.** So hat man nach dem Tod ein kleines Fenster, um die Schönheit dieser Stadt zu bewundern.

Un fin de semana en Madrid

Alrededor de Madrid

In Madrid und drum herum ...
Unterstreichen Sie die richtige Lösung.

1. El río **Tajo/Manzanares** pasa por Madrid.

2. Al norte de Madrid se encuentra la **Sierra de Cazorla/ Sierra de Guadarrama**.

3. Un parque famoso en el centro de Madrid se llama **El Retiro/ El Descanso**.

4. El altiplano en el que se encuentra Madrid se llama **la Meseta/ la Sierra Morena**.

5. El Valle **de los Caídos/de la Muerte** es un impresionante monumento cerca de Madrid dedicado a las víctimas de la Guerra Civil.

6. La ciudad universitaria y también ciudad natal de Cervantes a 31 km de Madrid se llama **Alcalá de Henares/Guadalajara**.

7. **El Escorial/El Palacio de Liria** es un complejo renacentista con palacio, basílica y monasterio cerca de Madrid.

El Rastro de Madrid

Rund um den bekanntesten Markt Spaniens.
Wie lautet die richtige Antwort?

1. ¿Cuando tiene lugar el rastro? **Los domingos./ Los sábados.**

2. ¿A qué hora se puede visitar el rastro? **De 9 a 15 hrs./ De 15 a 20 hrs.**

3. ¿En qué barrio está situado? **En Malasaña./ En Lavapiés.**

4. ¿En qué año nació? **1740/1850**

5. ¿De dónde proviene su nombre? **Del rastro de sangre (*Blutspur*) que dejaban los animales muertos al salir del matadero cercano./De los rastros que dejaba la gente que visitaba el mercado.**

Mit über 3500 Ständen und bis zu 100000 Besuchern kann es recht eng werden in den Straßen und Gassen des **Rastro**, der mittlerweile zu den wichtigsten Touristenattraktionen Madrids zählt.

Una lengua incomprensible

Curiosidades del País Vasco

**Im Baskenland ist einiges anders. Welche Infos stimmen?
Wählen Sie aus!**

1. Cuando los vascos dicen que van a La Catedral, se pueden referir al estadio de San Mamés, el del **Athletic de Bilbao/Deportivo Alavés.**

2. Los jugadores del Athletic de Bilbao **vienen de cualquier parte del mundo/han nacido en el País Vasco o Navarra.**

3. Si le roban la cartera en Bilbao, no tiene que llamar a la policía, sino a **la Ertzaintza/los Mossos.**

4. La lengua vasca, en vasco *euskera*, es de origen **indoeuropeo/desconocido.**

5. Aparte de en el País Vasco, el vasco se habla en parte de **Navarra y Francia/Aragón** y **Portugal.**

6. Cuando uno está en el País Vasco, puede tener la impresión, por el paisaje montañoso y los bosques, de encontrarse en **Suiza/Portugal.**

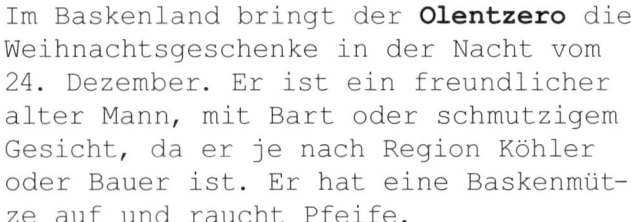

Im Baskenland bringt der **Olentzero** die Weihnachtsgeschenke in der Nacht vom 24. Dezember. Er ist ein freundlicher alter Mann, mit Bart oder schmutzigem Gesicht, da er je nach Region Köhler oder Bauer ist. Er hat eine Baskenmütze auf und raucht Pfeife.

Euskera

Die baskische Sprache (**Euskera**) ist mit keiner anderen bekannten Sprache verwandt. Bekommen Sie trotzdem heraus, was die baskischen Begriffe bedeuten?

...... **A** bai

...... **B** barkatu

...... **C** eskerrik asko

...... **D** kaixo

...... **E** ez

1. hola
2. sí
3. no
4. perdón
5. gracias

Während der Diktatur Francos (1939 – 1975) war der Gebrauch von **Euskera** im gesamten öffentlichen Bereich verboten. Erst nach dem Tod Francos (1975) wurde die baskische Sprache wieder gefördert, so dass die Sprecherzahl wuchs. Heute sind es rund 800 000 Baskisch-Sprecher. Wussten Sie übrigens, dass das Wort **izquierda** baskischen Ursprungs ist?

Típico vasco

Cultura y paisaje

Ordnen Sie die Fotos zur baskischen Kultur und Landschaft richtig zu!

Pelota

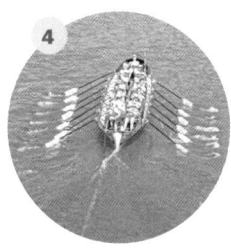
Guggenheim

...... **A** Deporte tradicional vasco

...... **B** El instrumento típico vasco

...... **C** Museo de Bilbao

El peine de los vientos

...... **D** Famosa escultura de Chillida

Traineras

...... **E** Embarcación típica de competiciones de remo vascas

Txistu

Neben der **pelota vasca**, von der es mehrere Varianten gibt, und den **traineras** gibt es im Baskenland noch **herri kirolak**, ländliche Kraftsportarten, wie Holzhacken, Tauziehen oder Gewichtheben.

Pintxos

Die baskische Variante der tapas sind die pintxos.
Ergänzen Sie das folgende Rezept Pintxos de Champiñones mit den angegebenen Zutaten.

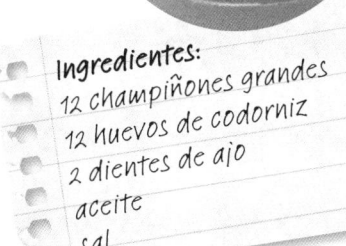

Ingredientes:
12 champiñones grandes
12 huevos de codorniz
2 dientes de ajo
aceite
sal

1. Se limpian los .... y se quitan los rabos. Se pican los rabos muy menuditos y se hacen un poco en la sartén y se añade ....

2. Los sombreros se hacen también en una sartén con un poco de .... y con el ....

3. Después se ponen en la bandeja del horno con un poco de .... y se echa ....

4. Se casca un .... para rellenar cada hueco de los champiñones y se cubre con el picadillo de los rabos.

5. Se meten al horno, que estará precalentado a 180°, durante 6 u 8 minutos, se sacan y se sirven.

Der Name **pintxo** (span. **pincho** *Spieß*) kommt von den kleinen Holzspießen, die zum Zusammenhalten der diversen Zutaten verwendet werden. **Pintxos** sind oft aufwendiger zubereitet als **tapas** und sind fester Bestandteil der baskischen Küche, die für ihre Spitzenköche bekannt ist: **Karlos Aguiñano, Pedro Subijana, José Juan Castillo** …

Castilla y León

Tierra de castillos

**Castilla y León ist die Region Spaniens mit den meisten Weltkultur-erbestätten. Aber diese Region ist noch viel mehr als das.
Kreuzen Sie an!**

1. Castilla y León es la comunidad...
- ○ **A** más pequeña.
- ○ **B** más grande.
- ○ **C** más rica.

2. No tiene capital oficial, pero la mayoría de los órganos de gobierno están en...
- ○ **A** Burgos.
- ○ **B** Valladolid
- ○ **C** Soria

3. ¿Qué gran río pasa por esta comunidad?
- ○ **A** Duero.
- ○ **B** Tajo.
- ○ **C** Ebro.

4. La universidad más antigua de España es la de...
- ○ **A** Burgos.
- ○ **B** Salamanca.
- ○ **C** León.

Kurios und nicht so leicht zu finden ist der auf einem Toten-schädel sitzende Frosch in der Fassade der Universität Salamanca. Er soll den Studenten, die ihn finden, Glück bei den Prüfungen bringen. Täglich sieht man auch Hunderte von Touristen bei der angestrengten Suche nach dem berühmten Frosch.

Nueve provincias

Finden Sie die Namen der neuen Provinzen von Castilla y León in der Buchstabensuppe!

M	B	U	R	G	O	S	T	J	K	M	L
A	B	S	O	R	I	A	E	W	N	A	N
U	I	E	W	N	N	L	E	O	N	U	Y
Q	E	G	R	T	Z	A	Z	U	I	A	A
M	P	O	L	T	D	M	K	O	E	V	A
R	I	V	A	L	L	A	D	O	L	I	D
S	A	I	R	A	C	N	H	I	L	L	E
S	P	A	L	E	N	C	I	A	H	A	E
Z	Z	A	M	O	R	A	A	M	B	I	A

Resistencia numantina bezieht sich auf die Stadt Numancia, in der Nähe von Soria, die jahrelang gegen die Römer Widerstand leistete. Allerdings nur bis **Scipio Aemillianus Africanus** geschickt wurde, der die Stadt so brutal belagerte, dass sich die Einwohner infolgedessen für Selbstmord entschieden und die Stadt in Brand setzten. Seither gilt die Stadt als Symbol des Widerstandes und der Freiheit.

Cultura y comida castellanoleonesas

La cuna del castellano

Was wissen Sie über die Entstehung der spanischen Sprache? Wählen Sie die richtige Antwort.

1. Como otras lenguas romances, el español proviene del **griego/latín**.

2. El testimonio más antiguo en lengua castellana son los Cartularios de Valpuesta *(Abschriften von mittelalterlichen Urkunden)*, que se conservan en **Burgos/Barcelona**.

3. En el siglo XIII el castellano alcanzó una primera forma estandarizada gracias a instituciones como la Escuela de Traductores de Toledo durante el reinado del rey **Alfonso X/Felipe II**.

4. Antonio de Nebrija publicó en **1492/1692** la primera gramática del español.

5. En la lengua española hay restos de muchas otras lenguas, sobre todo del **árabe/inglés**.

Für Diskussionen sorgt manchmal die Bezeichnung des Spanischen als **español** oder als **castellano**. Einige meinen **español** würde nicht passen, da auch andere Sprachen in Spanien gesprochen werden. Für andere hat **castellano** politische Nuancen und erinnert an das Königreich und dessen Eroberungsdrang.

Comer en Castilla

Castilla y León ist eine Region Spaniens deren Gastronomie ziemlich unbekannt ist – zu Unrecht, wobei Vegetarier hier nicht wirklich auf ihre Kosten kommen … Verbinden Sie die Namen der Gerichte mit den passenden Bildern.

...... **A** Cochinillo de Segovia

...... **B** Hornazo de Salamanca

...... **C** Botillo de León

...... **D** Morcilla de Burgos

La otra Castilla

En Castilla-La Mancha

Die Bezeichnung **Castilla-La Mancha** ist ziemlich neu. Früher wurde diese Region, die im Herzen Spaniens liegt, als **Castilla La Nueva** bezeichnet. Die Bedeutung des Namens **Castilla** ist klar: Land der Burgen. **La Mancha** hat hingegen einen nicht so klaren Ursprung. Eine Theorie besagt, dass die Bezeichnung aus der arabischen Zeit kommt und von einem arabischen Wort, das *„Land ohne Wasser"* bedeutet, abgeleitet wurde. Einer anderen Theorie nach, kommt der Begriff von einem arabischen Wort, das *„flaches Land"* bedeutet.

La capital Toledo

Kreuzen Sie die richtige Antwort zu Toledos Geschichte an.

1. Toledo fue antiguamente
○ **A** la capital de España.
○ **B** la ciudad más grande de Europa.
○ **C** el emporio comercial más importante.

2. En los siglos XII y XIII Toledo destacó por
○ **A** su Escuela de traductores.
○ **B** sus excelentes arquitectos.
○ **C** sus grandes escritores.

3. Toledo es conocida como
○ **A** la ciudad de los dos ríos.
○ **B** la ciudad de las tres culturas.
○ **C** la ciudad de las mil ciencias.

4. En Toledo vivió y murió
○ **A** Picasso.
○ **B** Dalí.
○ **C** El Greco.

Toledo selbst rühmt sich, die spanische Stadt mit den meisten Sehenswürdigkeiten zu sein. Sie weist jedenfalls eine beträchtliche Zahl an historischen Gebäuden auf und gehört deshalb auch zum UNESCO-Weltkulturerbe.

Por la región del Quijote

Monumentos de Castilla

Welche Sehenswürdigkeiten sehen Sie auf den Fotos?

...... **A** Catedral de Toledo

...... **B** Ciudad encantada

...... **C** Casas colgadas de Cuenca

...... **D** Lagunas de Ruidera

Curiosidades de la región

Welche Informationen passen zu Castilla-La Mancha?
Wählen Sie die richtige Antwort aus

1. El personaje literario más famoso
que se asocia con esta región es...
- ○ **A** Don Quijote.
- ○ **B** Don Juan.
- ○ **C** el apóstol Santiago

2. Un producto típico de
Castilla-La Mancha es...
- ○ **A** el café.
- ○ **B** el tomate.
- ○ **C** el queso.

3. Uno de los productos
que los castellano-
manchegos reclaman
haber inventado es...
- ○ **A** el mazapán.
- ○ **B** el chocolate.
- ○ **C** el requesón.

4. En el pueblo de Hellín durante la Semana
Santa se produce una concentración de
personas (hasta 20 000) que tocan a la
vez el siguiente instrumento:
- ○ **A** la flauta.
- ○ **B** tambores.
- ○ **C** las castañuelas.

5. El río que pasa
por Toledo es...
- ○ **A** el Tajo.
- ○ **B** el Duero.
- ○ **C** el Ebro.

La cuna del vino

Regiones vinícolas

In welchen comunidades liegen diese berühmten spanischen Weinanbaugebiete?

1. Ribera del Duero

2. Rías Baixas

3. Penedés

4. Jerez

5. Rioja

...... **A** Cataluña

...... **B** La Rioja, País Vasco, Navarra

...... **C** Andalucía

...... **D** Galicia

...... **E** Castilla y León

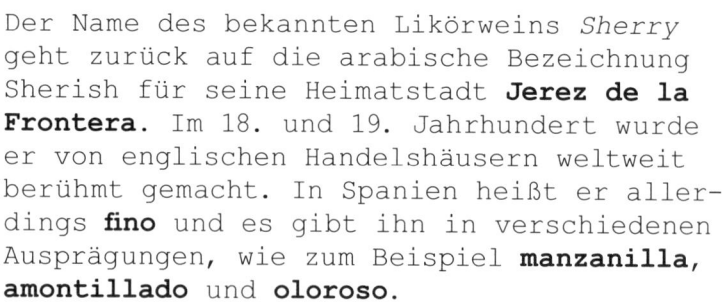

Der Name des bekannten Likörweins *Sherry* geht zurück auf die arabische Bezeichnung Sherish für seine Heimatstadt **Jerez de la Frontera**. Im 18. und 19. Jahrhundert wurde er von englischen Handelshäusern weltweit berühmt gemacht. In Spanien heißt er allerdings **fino** und es gibt ihn in verschiedenen Ausprägungen, wie zum Beispiel **manzanilla**, **amontillado** und **oloroso**.

Cifras sobre el vino

Fakten rund um den spanischen Wein. Was ist richtig?

1. España tiene la mayor superficie de viñedo del **mundo/de Europa**.

2. Respecto a la producción de vino, está en el tercer puesto justo después de **Francia e Italia/Estados Unidos y Chile**.

3. La principal comunidad productora de vino es **Andalucía/Castilla-La Mancha**.

4. El consumo de vino en España por habitante ha **aumentado/descendido** en los últimos años.

5. Los primeros restos de producción de vino son de la Edad de Bronce y se encontraron en **Mesopotamia/Grecia**.

6. El dios del vino en la mitología romana era **Dionisos/Baco**.

Un lugar inolvidable

Monumentos

Diese Sehenswürdigkeiten sind ein Muss für jeden Valencia-Besucher. Ordnen Sie die Fotos richtig zu.

...... **A** Opern- und Kulturhaus Palau de les Arts Reina Sofía

...... **B** Aquarium L'Oceanogràfic

...... **C** Seidenbörse Lonja de la Seda

...... **D** Catedral

...... **E** Kino L'Hemisfèric

Curiosidades de la historia

Bringen Sie die Fakten zur Geschichte Valencias richtig zusammen.

1. Conquistó Valencia en 1094 por cuenta propia y la defendió contra los moros *(Mauren)* durante unos años convirtiéndose en héroe nacional.

2. El 9 de octubre 1238 se liberó Valencia definitivamente de los conquistadores árabes. Hoy es una fiesta regional.

3. El valenciano fue la primera lengua románica a la que se tradujo en 1478 este libro.

4. En el año 1957 un creciente del río Turia inundó gran parte de Valencia y tuvo como consecuencia su desviación.

...... **A** Día de la Comunidad Valenciana

...... **B** Gran riada de Valencia

...... **c** El Cid

...... **D** la Biblia

Naranjas y arroz

Valencia, una ciudad especial

El nombre viene del latín „Valentia", que venía a significar "fuerza, valor". La ciudad ha hecho honor a su nombre a lo largo de la historia, que no fue siempre fácil.

Valencia fue la capital de España durante un tiempo durante la Guerra Civil, cuando Madrid ya estaba en manos franquistas.

Valencia se conoce como la capital de la naranja, y la Comunidad Valenciana es la región donde más naranja se cultiva de España.

El plato más conocido de España es **la paella valenciana**, un plato universal que tiene su origen en las zonas rurales de Valencia. Campesinos o pastores completaban el arroz con todo que tenían a mano: restos de pollo, pescado, verduras...

Una bebida típica de Valencia es **la horchata**. Es una bebida muy refrescante hecha a partir de chufas *(Erdmandel)*, agua y azúcar que tiene su origen en Alboraya, una pequeña ciudad al norte de Valencia. La horchata se vende en las calles o en horchaterías y se suele acompañar con **fartons**, un bollo dulce de forma alargada.

El símbolo de la ciudad es el murciélago. Se remonta a una leyenda durante el periodo de la Reconquista: Una noche los golpes de las alas de este animal contra un tambor despertaron al rey Jaime I cuando los árabes intentaban un ataque sorpresa, y así los cristianos pudieron reaccionar a tiempo y salvar la ciudad.

Uno de los 18 puentes de Valencia es **El Puente de las Flores**, creado en 2002. Se llama así porque está adornado de flores que al principio se cambiaban cuatro veces al año. Fue conocido por ser el puente más caro debido a sus altos costes de mantenimiento. Con la crisis se fue reduciendo este lujo y las flores se cambian con menor frecuencia.

La Paella Valenciana

Ordnen Sie die einzelnen Schritte des wohl bekanntesten Rezepts Spaniens dem passenden Foto zu.

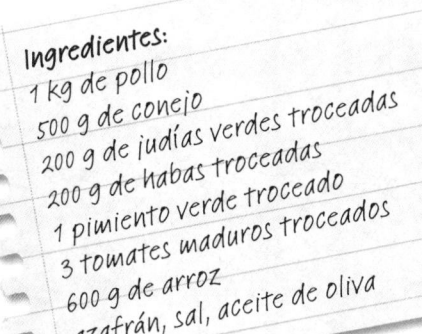

Ingredientes:
1 kg de pollo
500 g de conejo
200 g de judías verdes troceadas
200 g de habas troceadas
1 pimiento verde troceado
3 tomates maduros troceados
600 g de arroz
azafrán, sal, aceite de oliva

...... **A** Agregar agua caliente (unos 2,5 l) casi a punto de ebullición y dejar cocer hasta que la carne esté tierna. Añadir azafrán y sal.

...... **B** Rehogar el pollo y el conejo troceados en aceite.

...... **C** Comprobar el nivel del agua y añadir el arroz esparciéndolo todo por igual. Dejar cocer unos 18 minutos.

...... **D** Añadir el pimiento, las judías y las habas. Dejar unos 5 minutos y añadir los tomates. Dejar cocer otros 5 minutos

Dejar reposar unos 5 minutos antes de servir.

¡Que aproveche!

Bailar en Valencia

La Ruta del Bakalao

**Sex, drugs and rock 'n' roll auf valencianische Art.
Wählen Sie die richtige Antwort.**

1. La Ruta del Bakalao también es conocida como
   Ruta Destroy/Ruta Negra.

2. Se refiere a un ocio nocturno de miles de jóvenes de salir
   cada **fin de semana/cada fin de año** de jueves a lunes,
   casi sin descanso.

3. Surgió en los años **70/80**.

4. La Ruta del Bakalao se concentraba
   en **las discotecas/los restaurantes**
   del área valenciana, sobre todo
   en una carretera.

5. El bakalao es un tipo **de múscia
   electrónica/de pop surgido** en España.

Las Fallas

Das berühmteste Fest Valencias hat eine lange Geschichte. Welche Infos stimmen?

1. La fiesta se remonta a una costumbre de los **carpinteros/ marineros** de desechar los trozos de madera sobre los que habían colocado lámparas y velas durante el oscuro invierno.

2. El día más importante es el **19 de marzo/21 de agosto**. Esa noche es la *cremá*, durante la que se queman las fallas.

3. La fallera mayor es una **joven/anciana** que tiene un papel ceremonial a lo largo de las fiestas.

4. Las fallas son el conjunto formado por ninots, unas figuras de **madera y cartón/hierro y plástico** que suelen tener temas de actualidad e intención crítica.

5. Cada año se elige un ninot que es **quemado en primer lugar antes que el resto/indultado y expuesto en el Museo Fallero**.

De romanos y moros

Extremadura

Die Römer machten aus ihr eine wichtige Handelsregion und hinterließen bis heute gut erhaltene Bauwerke. Was wissen Sie über die Extremadura?

1. Su nombre deriva del latín Extrema Dorii, que significa...
2. Por aquí pasan dos ríos muy importantes de la península ibérica:
3. Es mundialmente conocida por haber sido la cuna de...
4. El paisaje típico, una mezcla de bosque y prado, se llama...

...... **A** el Tajo y el Guadiana.

...... **B** los famosos conquistadores del Nuevo Mundo, por ejemplo, Hernán Cortés.

...... **C** la dehesa.

...... **D** el otro extremo del Duero.

Arquitectura romana y árabe

Erkennen Sie diese römischen und arabischen Bauwerke?

A Giralda de Sevilla

B Catedral Santa María de Teruel

C Acueducto de Segovia

D Alhambra de Granada

E Muralla de Lugo

Hacia América

Los conquistadores

Zwei der wichtigsten Eroberer der amerikanischen Territorien sind in der Extremadura geboren: Hernán Cortés und Francisco Pizarro. Versuchen Sie die Infos dem jeweiligen conquistador zuzuschreiben.

	HERNÁN CORTÉS	FRANCISCO PIZARRO
1. Era analfabeto.	●	●
2. Estudió en la universidad de Salamanca.	●	●
3. Fue el responsable de la conquista del Perú inca.	●	●
4. Fue el responsable de la conquista del imperio de los aztecas en México.	●	●
5. Murió en España en 1547.	●	
6. Fue asesinado en Lima en 1541.	●	●

Die Geschichte von **Malinche** ist eng mit Hernán Cortés verbunden. Sie war eine Aztekin, die Cortés als Dolmetscherin diente und schließlich seine Geliebte wurde. Für die einen ist sie daher eine Verräterin des eigenen Volkes, für die anderen aber ein Symbol der Emanzipierung der Frau.

Viajeros

Man spricht immer über die vielen Produkte, die die Spanier aus Amerika brachten, aber umgekehrt wurden auch viele Tier- und Pflanzenarten von den Europäern über den Atlantik gebracht. Können Sie erraten, was in welche Richtung ging? Kreuzen Sie die richtige Spalte an!

	VON AMERIKA NACH EUROPA	VON EUROPA NACH AMERIKA
1. los caballos	○	○
2. el cerdo	○	○
3. el café	○	○
4. las patatas	○	○
5. los tomates	○	○
6. las vacas	○	○
7. el maíz	○	○
8. el tabaco	○	○

Die Bezeichnungen sind nicht immer gleich, so sagt man z.B. in einigen Regionen Amerikas statt **cerdo chancho** und statt **maíz** sagt man **choclo**.

Antes de Colón

Grandes Monumentos

In Lateinamerika finden sich noch viele Zeugnisse der früheren Hochkulturen. Ordnen Sie die Bilder den jeweiligen Namen zu!

...... **A** Macchu-Picchu

...... **B** Tikal

...... **C** Teotihuacán

> Um die Stadt in den Wolken **Macchu-Picchu** ranken sich heute noch viele Geheimnisse. Erbaut wurde sie vermutlich um 1450 als Königssitz. 1911 wurde sie im Urwald vom US-Amerikaner Hiram Bingham wiederentdeckt. Mit ihren über 200 Gebäuden und 3000 steilen Treppen ist sie heute UNESCO-Weltkulturerbe und gehört zu den beliebtesten Touristenzielen Perus.

Pueblos precolombinos

Die drei berühmtesten Völker Lateinamerikas, vor der Ankunft Kolumbus, waren die Azteken, Mayas und Inkas. Welche Beschreibung passt zu welchem Volk?

Maya   Azteken   Inka

...... **A** Crearon un imperio con capital en Tenochtitlán, en el centro de un lago, y sobre la que se construyó la actual México D.F. Fueron grandes astrónomos. Realizaban sacrificios humanos. Otro centro importante es Teotihuacán.

...... **B** Crearon un imperio basado en comunicaciones excelentes (40 000 km de carreteras) en lo que hoy es principalmente Perú y Bolivia. No conocían la escritura. La capital era Cuzco, pero el resto hoy más conocido es Macchu-Picchu.

...... **C** Tenían escritura, centros importantes fueron Chichén Itzá o Tikal. Se extendieron por lo que hoy es Yucatán y parte de Guatemala. La razón de su decadencia aún no está clara.

Un gran continente

Países de Latinoamérica

Welche Länder kennen Sie?
Ergänzen Sie die fehlenden spanischsprachigen Länder!

1. ....
2. ....
3. ....
4. ....
5. ....
6. ....
7. ....
8. ....
9. ....

Quiz

Können Sie, nachdem Sie die Länder richtig platziert haben, auch diese Infos zu den entsprechenden Ländern zuordnen?

Bolivia   Chile   Ecuador   Argentina   Perú

1. El lago Titicaca se encuentra entre .... y ....

2. La isla de Pascua se encuentra en el océano Pacífico, a 3 700 kilómetros del país al que pertenece, que es

....

3. Con 6 960 metros, Aconcagua es el pico más alto de América y se encuentra en ....

4. Las islas Galápagos forman una de las zonas más ricas de fauna y flora el planeta. Están el océano Pacífico a 1 000 kilómetros del país al que pertenecen, que es

....

¡Vaya personaje!

¿Quién hizo qué?

Die Geschichte Lateinamerikas ist lange und kompliziert.
Einen Überblick zu schaffen ist sehr schwer, aber diese Personen
helfen dabei, da sie eine wichtige Rolle gespielt haben.
Verbinden Sie die Personen mit den Aussagen, die wir ihnen in den
Mund gelegt haben.

Fidel Castro
(1927 – 2016)

Simón Bolívar
(1783 – 1830)

las hermanas
Mirabal (+1960)

Pancho Villa
(1878 – 1923)

Rigoberta Menchú
(1959 –)

Evita Perón
(1919 – 1952)

A Yo fui uno de los héroes de la Revolución Mexicana, igual que Emiliano Zapata, y puse de moda unos bigotes inmensos.

B Aunque ya se sabe que es malo fumar, a mí me encantan los puros, pero sin duda me recordarás por haber gobernado Cuba durante decenios, tras la famosa revolución contra Batista.

C De origen humilde, llegué a ser una figura importantísima al lado de mi marido, presidente de Argentina, por mi lucha por la justicia social y los derechos de las mujeres. Se ha hecho un musical sobre mi vida.

D Lucho por los derechos de los indígenas, especialmente de las mujeres a partir de mi propia experiencia y lo ocurrido durante la guerra civil de Guatemala (1960 – 1996).

E Fui el líder de la independencia de varios países, como Venezuela o Colombia. Un país del continente lleva mi nombre en mi honor.

F Éramos cuatro, pero tres de nosotras fuimos asesinadas durante la dictadura de Trujillo a órdenes de este, contra el que luchábamos en nuestra patria, la República Dominicana.

LÖSUNG
¿Quién hizo qué? : 1.B; 2.E; 3.F, 4.A; 5.D; 6.C

Un mundo de comidas

Tengo ganas de...

Die mexikanische Gastronomie ist immaterielles Kulturerbe der UNESCO. Noch nicht ganz so bekannt, aber wohl bald auch in derselben Kategorie ist die peruanische Küche.

**Jede Person hat Lust auf etwas Besonderes.
Bringen Sie jeden zum passenden Gericht!**

Ceviche
peruano

Arepas

Dulce
de leche

Mate

Alfajores

Enchiladas
de México

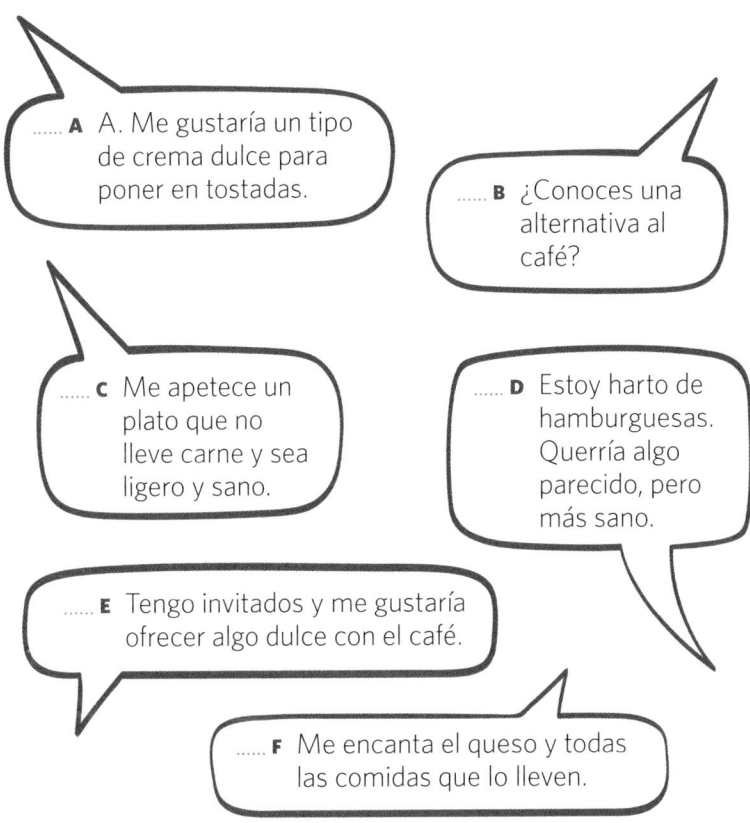

A A. Me gustaría un tipo de crema dulce para poner en tostadas.

B ¿Conoces una alternativa al café?

C Me apetece un plato que no lleve carne y sea ligero y sano.

D Estoy harto de hamburguesas. Querría algo parecido, pero más sano.

E Tengo invitados y me gustaría ofrecer algo dulce con el café.

F Me encanta el queso y todas las comidas que lo lleven.

Der Mate-Tee war schon vor der Kolonisierung unter den Urvölkern bekannt und weit verbreitet. Heutzutage trinkt man ihn vor allem in den Ländern um Río de la Plata, wo man ihn meistens als **yerba** kennt. Die richtige Zubereitung erfolgt mit der **calabaza** (ein Gefäß, das traditionell aus einem Kürbis gemacht wird) und einem Trinkröhrchen aus Metall mit einem Sieb an der Spitze, die **bombilla**.

Productos españoles

Especialidades

Sicher kennen Sie schon viele spanische Spezialitäten, aber wissen Sie, woher genau sie stammen? Ordnen Sie sie einer Region zu!

el vino...

el queso...

el marisco...

la ensaimada...

el plátano...

el turrón...

...... **A** ... de Alicante

...... **B** ... de Rioja

...... **C** ... de La Mancha

...... **D** ... de Galicia

...... **E** ... de Canarias

...... **F** ... de Mallorca

Made in Spain

Welche spanischen Produkte sind so beliebt, dass sie inzwischen auch in unseren Supermarktregalen heimisch sind? Finden Sie jeweils das richtige Produkt.

1.
- ○ **A** aceitunas
- ○ **B** almendras
- ○ **C** anchoas
- ○ **D** alubias

2.
- ○ **A** agua mineral
- ○ **B** licor 43
- ○ **C** batido de vainilla
- ○ **D** zumo de limón

3.
- ○ **A** mantequilla
- ○ **B** aceite de oliva
- ○ **C** aceite de girasol
- ○ **D** margarina

4.
- ○ **A** salchichas
- ○ **B** albóndigas
- ○ **C** carne
- ○ **D** chorizo

De lo que se come se cría

El jamón

Was wäre Spanien ohne seinen jamón? Können Sie die Fakten rund um das Thema Schinken richtig verbinden?

1. Der **jamón serrano** ist luftgetrocknet und gesalzen und stammt

2. Der **jamón ibérico** stammt

3. Der nussige Geschmack des **pata negra** kommt

4. Der **pata negra** gilt als einer der besten Schinken der Welt und

5. **Cerdos ibéricos** findet man vor allem in

...... **A** kann über 100 Euro pro Kilo kosten.

...... **B** von den **bellotas** *(Eicheln)*, mit denen die Schweine gemästet werden.

...... **C** Andalucía und Extremadura.

...... **D** vom gewöhnlichen Hausschwein.

...... **E** vom dunkelhäutigen **cerdo ibérico** und wird auch **pata negra** genannt.

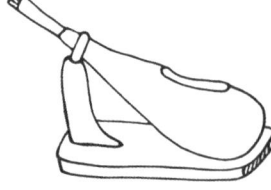

Dichos

Können Sie die Redewendungen rund um das Verb comer richtig zusammenbringen?

1. comer a dos
2. comerse el
3. Donde comen dos, comen
4. sin comerlo ni
5. no comerse ni una

 ...... **A** mundo

 ...... **B** beberlo

...... **c** carrillos

...... **D** rosca

...... **E** tres.

Es gibt hunderte von Redewendungen rund um das Thema Essen. Dies zeigt, welch hohen Stellenwert es in Spanien hat. Vor allem der soziale Aspekt des gemütlichen Beisammenseins spielt dabei eine wichtige Rolle im spanischen Alltag. Kennen Sie auch die Bedeutung der Überschrift? **De lo que se come se cría?** *Man ist, was man isst.*

LÖSUNG
El jamón: 1. D, 2. E, 3. B, 4. A, 5. C
Dichos: 1. C herunterschlingen (carrillos – *Wangen*); 2. A die Welt erobern; 3. E; 4. B aus heiterem Himmel; 5. D keinen Erfolg beim Flirten haben (rosca – *Kringel*)

Ir de tapas

Las tapas

Bestimmt haben Sie schon einige der berühmten **tapas** probiert. Wie heißen die abgebildeten Leckereien?

...... **A** boquerones fritos

...... **B** tortilla

...... **C** albóndigas

...... **D** aceitunas

...... **E** gambas al ajillo

Leyendas del origen

Wie sind die tapas entstanden? Welche dieser Legenden erzählt man sich bis heute?

○ **1.** König Alfons X. musste aus Krankheitsgründen über den Tag verteilt regelmäßig Wein zu sich nehmen. Um den Alkohol besser zu vertragen, sollte er zwischen den Mahlzeiten kleine Häppchen essen.

○ **2.** König Philip II. befahl aus Angst, vergiftet zu werden, ihm seine Getränke mit Deckeln zu servieren. Zur Dekoration und Aufmunterung des Königs wurden verschiedene Köstlichkeiten auf die Deckel gelegt.

○ **3.** Die katholischen Könige, Isabella von Kastilien und Ferdinand von Aragón, sollen auf einer ihrer Reisen in einem Wirtshaus eingekehrt sein. Um ihren Wein vor lästigen Fliegen zu schützen, soll der Wirt ihnen eine Scheibe jamón auf das Glas gelegt haben.

LÖSUNG
Las tapas: 1. B, 2. D, 3. E, 4. A, 5. C
Leyendas de origen: Die Legenden 1 und 3.

De tapas

No me gusta

Im Restaurant ist nicht immer alles in Ordnung. Ergänzen Sie die Beschwerde!

crudo   salada   amargo   quemado

1. Camarero, por favor, no puedo comer este filete, ¿no ve la sangre?
Está ....

2. ¡Buf! Esta sopa parece hecha con agua del Atlántico, ¡qué
.... está!

3. Este arroz está negro, sin duda, está ....

4. El vino sabe ...., yo creo que está malo.

> Wenn man in einer großen Runde zusammen isst, ist es unüblich, getrennt zu bezahlen: Jeder gibt seinen Anteil in einen Topf und dann wird zusammen bezahlt. Die **propina** (*Trinkgeld*) lässt man einfach auf dem Tisch oder in dem Schälchen, in dem man das Rückgeld bekommt, liegen.

¿Qué tomas?

Suchen Sie sieben tapas, die typisch für eine spanische Speisekarte sind.

K	S	G	T	C	F	V	K	L	C	H	I	G	I	W
I	S	T	O	R	T	I	L	L	A	I	E	P	S	W
A	T	C	H	O	R	I	Z	O	L	D	I	U	M	V
I	S	D	T	Q	U	S	D	H	A	H	I	L	S	L
W	I	A	S	U	G	B	Z	G	M	U	B	P	S	H
U	H	G	O	E	M	P	A	N	A	D	A	O	M	E
F	D	G	G	T	L	M	W	L	R	V	Z	S	D	W
V	N	A	P	A	Z	A	L	M	E	J	A	S	B	W
W	D	W	S	S	V	W	N	W	S	M	W	E	B	M

Wissenswertes: Spanische **croquetas** werden nicht aus Kartoffeln, sondern aus Béchamelsoße gemacht. Und **pulpo** *(Krake)* wird besonders in Galicien gemacht: einfach gekocht, geschnitten und mit Salz, Paprikagewürz und Öl angerichtet. **Pulpo** werden auch Männer (und Frauen) genannt, die gerne andere Leute anfassen, und damit nerven, denn sie scheinen, so viele Arme wie das Tier zu haben.

Pago yo

Gambas al ajillo

Ergänzen Sie dieses leckere Tapasrezept mit den Wörtern aus der Zutatenliste.

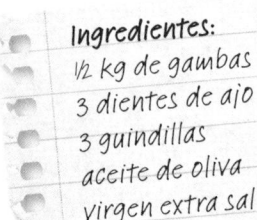

Ingredientes:
½ kg de gambas
3 dientes de ajo
3 guindillas
aceite de oliva
virgen extra sal

1. Se pelan las .... y se reservan.
2. Se pone una sartén al fuego con ....
3. Se ponen los .... finamente picados.
4. Antes de que empiecen a dorarse, se añaden las .... y las ....
5. Se tienen unos minutos a fuego vivo, se saltean y se les pone un poquito de ....

De tapeo

Was macht man bei einem tapeo und was nicht?
Kreuzen Sie die richtigen Aussagen an.

○ **1.** Antes de salir la gente se reúne en casa.

○ **2.** Se consumen todas las tapas en un solo bar.

○ **3.** El tapeo se hace de pie.

○ **4.** Cada uno paga una ronda.

○ **5.** Cada uno se come su tapa.

○ **6.** Con las tapas no se come pan.

Für viele Spanier ist die Frage, ob man zusammen oder getrennt zahlt ein Kulturschock. Obwohl es sich bei den jungen Generationen ein wenig ändert, ist es in Cafés und Bars normal, dass jemand den Gesamtbetrag übernimmt und ein anderer das Gleiche im nächsten Lokal macht. Bei großen Gruppen oder im Restaurant bezahlt man normalerweise **a escote**, das heißt, der Gesamtbetrag wird unter allen aufgeteilt. Jugendliche haben normalerweise **un bote**, also eine gemeinsame Kasse, in die jeder am Anfang der Nacht einzahlt und alles davon bezahlt wird, bis nichts mehr übrig ist.

Tómate otra

Bebidas

Welches Getränk bekommen Sie, wenn Sie Folgendes bestellen?

1. un fino
2. una caña
3. un corto
4. un solo
5. una clara
6. un cortado

...... **A** einen Espresso mit einem Schuss Milch

...... **B** ein Radler

...... **C** einen Sherry

...... **D** ein Glas Bier

...... **E** ein kleines Glas Bier

...... **F** einen Espresso

Wenn Sie in Spanien **un café** bestellen, bekommen Sie meistens einen Espresso! Manche trinken ihn auch gerne (auch schon am Morgen!) mit einem Schuss Cognac oder Rum. Für diese Variante müssen Sie **un carajillo** bestellen. Der normale Milchkaffee heißt **café con leche** und ist etwas stärker als in Deutschland.

En los bares

Spanische Bars sind anders und für Deutsche manchmal ein Kulturschock. Verbinden Sie die passenden Aussagen.

1. La televisión

2. La gente está sentada o de pie

3. La gente habla

4. En el bar

5. El bar está abierto

6. El bar es como

...... **A** muy fuerte.

...... **B** todo el día.

...... **C** hay máquinas de juego.

...... **D** el salón de los españoles.

...... **E** siempre está puesta a tope.

...... **F** en la barra.

El bar hat in Spanien quasi die soziale Funktion des deutschen Wohnzimmers: Hier trifft man sich zu allen Tageszeiten mit Freunden, Bekannten, Familie und bringt Kind und Kegel mit. Auch spätabends hüpfen einem noch Kinder um die Beine. Nur die Lautstärke erinnert einen daran, dass es doch kein Wohnzimmer ist!

LÖSUNG
Bebidas: 1. C; 2. D; 3. E; 4. F; 5. B; 6. A
En los bares: 1. E, 2. F, 3. A, 4. C, 5. B, 6. D

Vinos y amores, los viejos son los mejores

Brandy y más

Neben dem bekannten Veterano aus dem Hause Osborne hat Spanien eine Reihe anderer flüssiger Spezialitäten zu bieten. Was ist was?

...... **A** Tresterbrand aus Galicien

1. Pacharán

...... **B** Kräuterlikör aus Ibiza

...... **C** Gewürzlikör mit deutlichem Vanille-geschmack

2. Licor 43

3. Anis del Mono

4. Crema Catalana

...... **D** Anis-Schlehen-Likör

5. Orujo

...... **E** Anisschnaps

6. Hierbas

...... **F** Cremelikör, der an ein traditio-nelles Dessert erinnert

Als Werbeträger für den englischen Brandy-, Sherry- und Wein-hersteller Osborne wurde 1956 die erste schwarze Tafel in Stierform aufgestellt. Inzwischen schmücken rund 90 Stiere die Landschaft und aus dem Markensymbol ist ein Wahrzeichen Spaniens geworden.

En La Rioja

Was gibt es in einer der kleinsten comunidades Spaniens zu entdecken?

...... **A** Bodega

...... **B** Monasterio de San Millán

...... **C** Colonia de cigüeñas en Alfaro

...... **D** Puente de piedra de Logroño

...... **E** Huellas de dinosaurios en el Centro Paleontológico de Enciso

Me cuesta entender

Palabras de origen árabe

Hätten Sie gewusst, dass diese und viele andere spanische Alltagsbegriffe aus dem Arabischen kommen?

senkrecht

1. blau

3. Artischocke

4. null

5. Baumwolle

waagerecht

1. Zucker

2. Kissen

5. Bürgermeister

6. Schach

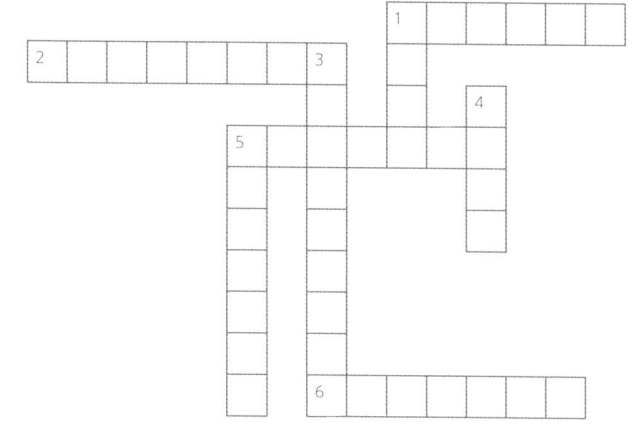

¡Salud!

Lassen Sie uns anstoßen!
Ergänzen Sie die Trinksprüche.

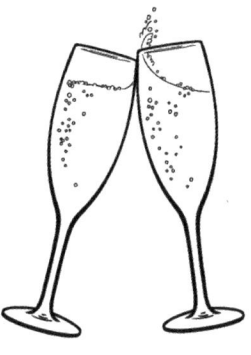

1. ¡Salud, amor y dinero y
t … … m … o para
g … z … r l o!

2. ¡Arriba, a … a j …,
al c … … t … o y
adentro!

3. ¡Ch … … ch … …!

4. ¡S … … ut i força
al c … n … t!

Der letzte Trinkspruch kommt Ihnen etwas seltsam vor? Es ist in
der Tat kein Spanisch, was Sie da
lesen, sondern Katalanisch. Diese katalanische Variante kann man
allerdings in ganz Spanien hören.

Una de toros

Tauromaquia

Kennen Sie sich in der umstrittenen Tradition des Stierkampfes aus?

1. Una corrida de toros se divide en tres partes que se llaman...

2. El hombre montado en el caballo es el...

3. En la segunda parte se le clavan al toro...

4. La música que acompaña la corrida es el...

5. El máximo trofeo para un torero después de una o dos orejas es el...

...... **A** pasodoble.

...... **B** tercios.

...... **C** banderillas.

...... **D** rabo.

...... **E** picador.

Der Stierkampf nach heutigen Regeln wurde erstmals im 18. Jahrhundert in Ronda ausgeführt. Wussten Sie übrigens, dass Stiere die rote Farbe überhaupt nicht wahrnehmen können? Somit macht nicht etwa die **muleta** *(das rote Tuch)* die Stiere aggressiv, sondern ihre Angst und die Schmerzen, die ihnen während der **corrida** zugefügt werden.

Sanfermines

Das berühmteste Fest rund um den Stier findet in Pamplona statt. Welche Antwort ist richtig?

1. ¿Cuándo se celebran los Sanfermines?

   En agosto./En julio.

2. ¿Cómo se llama el recorrido delante de los 6 toros?

   Encierro./Encanto.

3. ¿Cómo se llama el inicio de la fiesta en el que se lanza un cohete? Chupinazo./Pelotazo.

4. ¿En qué época nacieron los Sanfermines?

   En la época moderna./En la época medieval.

5. ¿Qué vestimenta es típica de los Sanfermines?

   Un pañuelo rojo./Un sombrero negro.

Höhepunkt der Sanfermines ist der **encierro.** Auf einer Strecke von 850 Metern werden die Kampfstiere durch die engen Straßen vom Stall bis zur Arena getrieben. Der Lauf ist meistens sehr schnell und dauert ca. vier Minuten. Für junge Erwachsene ist es dabei eine Mutprobe vor oder neben den Stieren herzulaufen. Dabei kommt es jedoch immer wieder zu schweren Unfällen, vor allem durch Touristen.

Una tarde en las corridas

Plaza de toros

In welchen Städten stehen diese bekannten Stierkampfarenen?

1. Plaza de toros de las Ventas

2. Plaza de toros de la Maestranza

3. Plaza de toros los Califas

4. Plaza de toros de la Misericordia

...... **D** Sevilla.

...... **A** Córdoba

...... **C** Zaragoza

...... **B** Madrid

Die **Plaza de toros Monumental** in Barcelona ist ein sehenswertes Bauwerk im byzantinisch-maurischen Stil, das vor allem für große Konzerte und Zirkusveranstaltungen genutzt wird.

Anécdotas taurinas

¿Verdadero o falso? Kreuzen Sie an!

	VERDADERO	FALSO
1. La actriz Ava Gardner mantuvo un romance con el torero Luis Miguel Dominguín y adoraba los toros.	○	○
2. El rabo de toro es un plato muy popular en España.	○	○
3. Novelas de Hemingway como "The sun also rises" están inspiradas en su pasión por los Sanfermines y los toros.	○	○
4. El movimiento feminista pide que las corridas de toros se sustituyan por las corridas de vacas.	○	○
5. La tauromaquia es una asignatura obligatoria en las escuelas de Andalucía.	○	○

Der Stierkampf ist heutzutage in Spanien nicht unumstritten. Einerseits wurde er vom Parlament als immaterielles Kulturgut unter Schutz gestellt, andererseits gibt es auch Proteste dagegen. So ist der Stierkampf mittlerweile auf den Kanarischen Inseln verboten und in anderen Regionen wie Katalonien findet er nicht mehr statt, auch wenn ein allgemeines Verbot durch den Verfassungshof aufgehoben wurde.

Deporte y salud

Deportes

Welche sechs Sportarten haben sich hier versteckt?

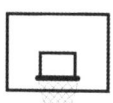

A	M	N	A	T	A	C	I	O	N	E	N	A	S
U	E	O	E	T	R	O	U	L	T	T	A	I	T
R	L	M	B	A	L	O	N	C	E	S	T	O	N
O	C	I	C	L	I	S	M	O	N	G	A	Z	A
S	O	L	E	X	A	S	B	A	I	E	A	U	T
V	B	A	A	T	L	E	T	I	S	M	O	A	Y
B	A	L	O	N	M	A	N	O	N	I	C	H	E

Fußball ist in Spanien nach wie vor der beliebteste Sport. Aber wussten Sie, dass Spanien auch über ausgezeichnete Skigebiete verfügt? Beliebt sind auch Basketball, Segeln und Tennis.

Mens sana...

Wissen Sie, wie man auf Spanisch sagt, wenn man kerngesund ist? Verbinden Sie die Ausdrücke des Verbs estar como... mit der entsprechenden Bedeutung.

estar como
un roble

estar como
una cabra

estar como
un tren

estar como
una vaca

estar como
un flan

...... **A** fett sein

...... **B** verrückt sein

...... **C** kerngesund sein

D nervös sein

...... **E** sexy/gut aussehen

Un pecado muy común

Sabiduría popular

**Vieles Wahres steckt hinter den Redewendungen und Sprüchen.
Verbinden Sie die Hälften miteinander und danach mit der Bedeutung!**

1. Con agua pura…

2. De lo que se come…

3. Comer y rascar…

4. Más vale prevenir…

5. Una vez al año…

...... **A** …salud segura.

...... **B** … es todo empezar.

...... **C** …que curar.

...... **D** … no hace daño.

...... **E** … se cría.

...... **a** Es ist schwer zu wissen, wann man genug gegessen hat.

...... **b** Es ist besser vorzusorgen als zu heilen.

...... **c** Man kann ein paar Ess-sünden machen, wenn sie nicht so oft stattfinden.

...... **d** Wenig essen und trinken ist gesund.

...... **e** Was man isst hat entsprechende Folgen.

Sabiduría animal

Manche Redewendungen sind im Deutschen und im Spanischen ähnlich, manchmal aber auch ganz anders. Können Sie die folgenden spanischen Redewendungen mit dem passenden Tier ergänzen? Die Illustrationen helfen Ihnen dabei.

1. A .... regalado, no le mires los dientes.
Einem geschenkten Gaul schaut man nicht ins Maul.

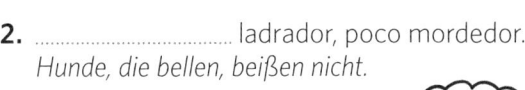

2. .... ladrador, poco mordedor.
Hunde, die bellen, beißen nicht.

3. Una .... mala, el rebaño entero daña.
Ein faules Ei verdirbt den ganzen Brei.

4. Dar .... por liebre.
Jemandem ein X für ein U vormachen.

5. Más vale .... en mano que ciento volando.
Lieber einen Spatz in der Hand als die Taube auf dem Dach.

¿Conocimientos inútiles?

Eufemismos... y no tanto.

Im Spanischen verwendet man oft bildhafte Ausdrücke. Verstehen Sie ihre Bedeutung? Verbinden Sie beide Spalten.

1. pleite sein

2. sterben

3. einen Korb bekommen

4. spinnen

5. faulenzen

6. etw. satt haben

...... **A** estar como una cabra

...... **B** estirar la pata

...... **C** estar sin un duro

...... **D** rascarse la barriga

...... **E** estar hasta las narices

...... **F** recibir calabazas

Ein „duro" war der Name für die 5-Peseten-Münze. Anscheinend ist die Bezeichnung jedoch viel älter als die Peseten. Im Mittelalter wurde eine Münze geprägt, die wegen der Reinheit an Silber international sehr beliebt war und „peso duro" genannt wurde.

¿Sabía que ...

Wussten Sie dass ...? Kreuzen Sie an, welche Antwort richtig ist. Es können mehrere stimmen.

1. El himno nacional de España...
- ○ **A** ...no tiene texto.
- ○ **B** ... es uno de los más antiguos del mundo.
- ○ **C** ... está prohibido.

2. Jesús...
- ○ **A** ... es un nombre común.
- ○ **B** ... se dice cuando alguien estornuda (*nießt*).
- ○ **C** ... se dice cuando se oye una noticia sorprendente.

3. "Va de muerto el que no fue de vivo."
- ○ **A** Es un dicho gallego.
- ○ **B** Se refiere a una peregrinación al santuario de San Andrés de Teixido.
- ○ **C** Después de morir los peregrinos vienen como insectos o pequeños animales al santuario.

4. Cuando a un niño se le cae un diente...
- ○ **A** ... viene el ratoncito Pérez en España.
- ○ **B** ... viene un hada madrina. (*gute Fee*)
- ○ **C** ... recibe un pequeño regalo.

Wenn man es zu Lebzeiten nicht geschafft hat, zum Heiligtum San Andrés de Teixido in Galicien zu pilgern, so muss man nach dem Tod hingehen. Allerdings muss man diese Reise der Legende nach als Schnecke oder Insekt machen.

La pasta no solo se come

Dinero

**Kennen Sie die Ausdrücke
rund ums Thema Geld?**

1. no tener ni un duro
2. tener mucha pasta
3. cara o cruz
4. andar mal de dinero
5. ser tacaño
6. derrochar el dinero
7. dinero suelto

...... **A** geizig sein

...... **B** Kleingeld

...... **C** keinen Cent haben

...... **D** Geld verprassen

...... **E** viel Kohle haben

...... **F** nicht viel Geld haben

...... **G** Kopf oder Zahl

Nunca es suficiente

Jeder von uns träumt davon, reich zu werden, oder zumindest davon, mehr Geld zu haben. In Spanien gibt es verschiedene Lotterien, aber am wichtigsten ist die lotería de Navidad. Hier einige Fakten, welche Info stimmt?

1. El sorteo de Navidad tiene lugar el 22/el 24 de diciembre.

2. El premio principal se llama el Superpremio/el Gordo.

3. Los números premiados están en unas bolas/en unos papeles de un bombo (*Lostrommel*).

4. Los niños de Colegio de San Ildefonso/Unas chicas muy sexys cantan los números premiados.

5. El 70%/40% del dinero recaudado se dedica a premios.

Jedes Jahr fiebert ganz Spanien der Ziehung entgegen. Es gibt ein komplettes Los (**billete**) für 200 Euro zu kaufen. Meist wird aber ein Zehntellos (**décimo**) oder auch nur eine Beteiligung gekauft. Daher schließen sich oft Tippgemeinschaften und sogar ganze Dörfer zusammen. So gewann 2011 das Dorf Sodeto. Alle Einwohner bis auf einen hatten mindestens ein Los gekauft, auf das ein Gewinn von 50 000 Euro entfiel.

Un par de marcas

Historia de un zapato

Bringen Sie die geschichtlichen Fakten über das mallorquinische Schuhwerk Camper in die richtige Reihenfolge.

A Hoy existen más de 400 tiendas en todo el mundo.

B A principios de los años ochenta se abrió la primera tienda en Barcelona.

C Su hijo continuó con la tradición familiar.

D Al regresar a España empezó a trabajar con artesanos de cuero de Mallorca.

E En 1992 empezó la expansión internacional.

F El zapatero Antonio Fluxà viajó en el siglo XIX a Inglaterra a conocer nuevas técnicas de calzado.

G El nieto Lorenzo Fluxà es el que creó en 1975 la marca Camper.

Richtige Reihenfolge:

....

Camper ist das katalanische Wort für **campesino** *(Bauer)*. Deshalb ist die Haupteigenschaft dieser Schuhe die Bequemlichkeit. Die Marke steht auch für **tecnología, respeto a la tradición, funcionalidad** und **diseño imaginativo.**

El Corte Inglés

Es ist das spanische Kaufhaus schlechthin und ein Symbol Spaniens. Kreuzen Sie die richtige Antwort an.

1. El Corte Inglés tiene como logo
- ○ **A** la bandera británica..
- ○ **B** un cuadrado rosa.
- ○ **C** un triángulo verde.

2. Todo empezó en 1890 en Madrid con
- ○ **A** una sastrería para niños.
- ○ **B** un puesto de verduras.
- ○ **C** un quiosco famoso.

3. Se recibe descuento durante
- ○ **A** los días de rebajas.
- ○ **B** la semana fantástica.
- ○ **C** el mes de las maravillas.

4. La tarjeta de cliente de El Corte Inglés la tienen aproximadamente
- ○ **A** la mitad de los españoles.
- ○ **B** 30% de los españoles.
- ○ **C** 20% de los españoles.

El Corte Inglés (wörtl. *der englische Schnitt*) hat insgesamt über 90 Kaufhäuser in Spanien und in Portugal. Sein Erfolg basiert auf dem amerikanischen Konzept des Kaufhauses, in dem man alles an einem Ort einkaufen kann.

LÖSUNG

Historia de un zapato: Richtige Reihenfolge: F, D, C, G, B, E, A

El Corte Inglés: 1. C, 2. A, 3. B, 4. C

¿Qué te pones?

Ropa y más ropa

Die Kleidung ist Bestandteil der Kultur jedes Volkes. Verbinden Sie die Teile dieser Sprüche mit den entsprechenden Bedeutungen.

1. Las medias, ...

2. El hábito...

3. Aunque la mona se vista de seda...

4. La buena ropa...

...... **A** ...no hace al monje.

...... **B** ...mona se queda.

...... **c** ...abre todas las puertas.

...... **D** ....para las piernas.

...... **a** Man sollte Projekt nicht zu zweit unternehmen. (Wortspiel: media – Strumpfe/Hälfte).

...... **b** Das Aussehen bestimmt nicht die Person, sondern die Taten.

...... **c** Man kann seine echte Natur mit Tricksen nicht verstecken.

...... **d** Die Leute werden vom Aussehen beurteilt.

¿Dónde vas con mantón de manila?

So lautet ein berühmtes Lied, das jeder Spanier kennt. Unentbehrlich wenn man Flamenco-Kleider trägt oder auch bei den typischen Frauenbildern vom alten Madrid ist der **mantón de Manila**, ein quadratisches Tuch aus Seide mit langen Fransen, das mit verschiedenen Mustern bestickt ist. Der Name ist irreführend, denn die Seide stammt wohl nicht aus Manila, sondern aus China, wobei sie über die Hauptstadt der Philippinen, damals eine spanische Kolonie, nach Spanien gelangt ist.

¡Ole con ole!

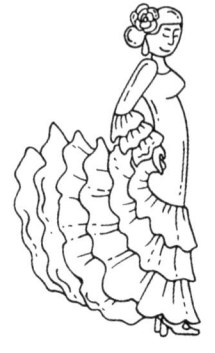

Flamenco

Wie gut kennen Sie sich im Flamenco aus?
Kreuzen Sie die richtige Antwort an.

1. El flamenco nació en
- ○ **A** Cataluña.
- ○ **B** Andalucía.
- ○ **c** Extremadura.

2. El flamenco se compone por el baile, el toque y
- ○ **A** el cante.
- ○ **B** el aplauso.
- ○ **c** el silencio.

3. Un instrumento típico es
- ○ **A** el tambor.
- ○ **B** el violín.
- ○ **c** el cajón.

4. Un guitarrista famoso del flamenco nuevo es
- ○ **A** Joaquín Cortés.
- ○ **B** Paco de Lucía.
- ○ **c** Camarón.

Abseits der touristischen Flamencoshows können Sie in kleinen **tablaos** noch den echten Flamenco erleben. Lassen Sie sich mitreißen von der **pasión** (*Leidenschaft*) dieses Lebensgefühls und rufen Sie: ¡Olé!

Ciudades de Andalucía

Erkennen Sie diese andalusischen Städte?

...... **A** Granada

...... **B** Sevilla

...... **C** Córdoba

...... **D** Cádiz

Im Jahr 1492 wurde Boabdil, der König der letzten muslimischen Hochburg Granada, besiegt. Der Ort, von dem aus er seufzend einen letzten Blick auf Granada und seine verlorene Burg warf, heißt **Suspiro del Moro** *(Seufzer des Mauren)*.

Latinoamérica desconocida

Curiosidades latinoamericanos

**Wie gut kennen Sie den lateinamerikanischen Kontinent?
Welche Infos stimmen?**

	VERDADERO	FALSO
1. Latinoamérica es el lugar más urbanizado del planeta con 80% de la población que vive en ciudades.	○	○
2. El Amazonas es el hogar de una de cada diez especies del planeta.	○	○
3. El 80% de la población de alpacas vive en Chile.	○	○
4. El país con más psicólogos y psiquiatras por habitante es Argentina.	○	○
5. Buenos Aires se hunde cada año unos centímetros por estar construida sobre un lago, cuya agua se sigue utilizando.	○	○
6. El Salvador tiene más teléfonos móviles que habitantes.	○	○

Chistes

In vielen Witzen macht man sich über (angebliche) Eigenarten von Menschen eines Landes oder einer Region lustig. So werden die Argentinier oft als sehr überzeugt von sich selbst dargestellt. Kubanische Witze dagegen haben oft einen politischen Hintergrund, wie die Versorgungslücken oder die Flucht in die USA.

Cambios de sustantivos en Cuba:
Al autobús le dicen aspirina... una cada cuatro horas.
Al bistec le dicen Jesucristo... porque se habla de él, pero nadie lo ha visto.
Al refrigerador le dicen coco... porque adentro solo tiene agua.

¿Para qué los argentinos quieren ser astronautas?
¡Para ver lo triste y aburrida que es la Tierra sin ellos!

¿Por qué los mexicanos no pueden jugar billar?
- Porque se comen los tacos.
(Tacos= *Essen, Billiardqueue*)

¿Por qué en Cuba no hay piscinas?...
- Porque todos los que saben nadar se han ido a los EEUU.

El final del viaje

La final entre continentes

Zum Schluss machen wir einen kleinen Wettbewerb zwischen Lateinamerika und Spanien. Was gehört zu Spanien und was finden Sie in
Lateinamerika? Kreuzen Sie E für España oder AL für América Latina an.

Tango
○ E ○ AL

Tierra del Fuego
○ E ○ AL

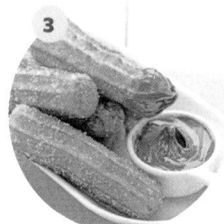

Churros
○ E ○ AL

Salamanca
○ E ○ AL

Las Cataratas del Iguazú
○ E ○ AL

Burritos

○ **E**   ○ **AL**

Mariachi

○ **E**   ○ **AL**

Pueblos blancos

○ **E**   ○ **AL**

Cartagena de las Indias

○ **E**   ○ **AL**

Sie sind nun am Ende des Buches ange-kommen und hatten hoffentlich viel Spaß damit, auch wenn es manchmal nicht ganz einfach war, aber **bien está lo que bien acaba** *(Ende gut alles gut)*, so dass Sie jetzt von einem **final feliz** *(Happy End)* sprechen können. Aber sicher werden Sie weiter Spanisch lernen, denn wie der Dichter Antonio Machado sagte: **"Cami-nante, no hay camino, se hace camino al andar."** *Wanderer, es gibt keinen Weg, der Weg entsteht beim Gehen.*

Bildnachweis

Fotolia, New York: 10.3 (redswept); 10.4 (BorjaxS); 10.5 (Katja Wickert); 10.1, 64.6 (michelfotografo); 22.1 (nuryudijes); 22.4, 117.1 (Jose Hernaiz); 22.5 (avarand); 33.1 (full image); 33.2 (Jordi Farres); 33.3 (HandmadePictures); 33.4 (L.Klauser); 33.5 (dulsita); 33.6 (Carlos Caetano); 33.7 (Elnur); 42, 137.2 (joserpizarro); 47.1 (deckard_1); 47.2 (Sergio Formoso); 47.3 (miklyxa13); 48.1 (Tamara Kulikova); 52.4 (MasterLu); 52.5 (Sebastian Engels); 54.1, 108.5 (focha); 57.2 (CHANCE-UP-MANAGER); 57.3 (Anobis); 57.4 (grantuco); 67 (SOMATUSCANI); 72.1 (BernardBreton); 73, 108.3 (uckyo); 74 (andreslebedev); 79 (Yvann K); 80.1 (dariya); 80.2 (ABUELO RAMIRO); 80.3 (dario); 80.4 (Alicia); 84.2 (Rosemarie Maczek); 84.4 (ATLANTISMEDIA); 88.1 (Eberhard Drews); 88.2 (Hemeroskopion); 88.3, 88.4 (Moremi); 93.1 (Horvп Botond); 93.2 (mrks_v); 93.3 (mtrommer); 93.5 (Pakmor); 108.1 (giromin); 108.2 (Maximo Sanz); 112 (HLPhoto); 117.3 (Q); 117.4 (B.F.); 117.5 (Argonautis); 122 (nanisimova); 132 (fotomatrix); 137.1 (neirfy); 137.4 (Jose Ignacio Soto);
Getty Images, München: 13.1, 13.3, 125.3 (WINS86); U1 (Alhontess); U1 (GlobalP); U1 (Magone); U1 (OGphoto); U1 (Zakharova_Natalia); U1 (pagadesign); iStockphoto, Calgary, Alberta: 4 (red_frog); 108.4 (Helena Lovincic); 137.3 (Adivin);
Shutterstock, New York: 28, 29 (Leremy); 1, 5, 6.1, 6.2, 6.3,19.1, 19.2, 120.1, U1 (Ola_view); 21, 105, 106, 107 (TatianaKost94); 50, 51, 109.1, 109.2, 109.3, 114, 11 (redchocolate); 25, 110, 111.1, 111.2, 111.3, 111.4,, 66 (primiaou); 82, 83 (Netkoff); 30, 31, 32, 97.3 (Prokhorovich); 7 (OnD); 9.1 (Matej Kastelic); 23, 44, 45 (marssanya); 9.2 (Juan Aunion); 9.3 (Elzloy); 9.4 (Renata Sedmakova); 9.5 (Andres Garcia Martin); 10.2, 93.4 (Carolina); 11.1, 141.2 (Kobby Dagan); 11.2 (Anibal Trejo); 11.3 (Nuamfolio); 11.4 (Denis Makarenko); 11.5 (pdrocha); 11.6 (Andrea Raffin); 13.4, 125.2, 125.4, 127.1, 127.2, 12 (josep perianes jorba); 13.2 (MSSA); 14.1, 14.2 (Isabel Eve); 95, 138.1, 138.2 (Chiociolla); 15 (Paola Canzonetta); 17 (Neftali); 22.2 (SandiMako); 22.3 (rSnapshotPhotos); 24.1-4, 24.6-10 (piqbg); 24.5, 119 (Sabelskaya); 26 (Dualororua); 34 (Malchev); 35.2 (phatymak';s studio); 38 (artemiya); 39 (pixpenart); 41 (nito); 35, 62, 81, 85, 86, 134.1, 134.2, 13 (Artur Balytskyi); 43 (Denis1984); 47.4 (Natursports); 52.1 (Goran Vrhovac); 52.2 (SAKhanPhotography); 52.3 (Distinctive Shots); 55.1 (ToskanaINC); 55.2 (Ivica Drusany); 55.3.4 (Anton_Ivanov); 55.4 (Francisco Turnes); 55.5 (Oleksandr Osipov); 56 (Alfonso de Tomas); 57.1, 60.5 (lunamarina); 57.5 (Igor Semenov); 58 (Hans C. Schrodter); 60.1 (Noradoa); 60.2 (Harold Escalona); 60.3 (Victority); 60.4 (vvvita); 60.6 (Raquel Pedrosa); 62.2 (Rainer Lesniewski); 63.1 (Botond Horvath); 63.2 (vicenfoto); 63.3 (milosk50); 63.4 (Gerard Koudenburg); 64.1 (esp2k); 64.2 (Sean Pavone); 64.3, 64.4, 64.5 (S-F); 65 (Florentino Ar G); 67 (dicogm); 69 (Alex Segre); 70 (NGvozdeva); 72.2 (Rudy Mareel); 72.3 (Fran Villalba); 72.4 (Robcartorres); 72.5 (Oskar Calero); 77.1 (Pat_Hastings); 77.2 (Shootdiem); 77.3 (Lux Blue); 77.4 (Angel Simon); 78 (Philippe 1 bo); 84.1 (Pecold); 87 (Ihnatovich Maryia); 90 (GooseFrol); 91 (Oksana Klymenko_But); 94 (NNNMMM); 96.1 (WitR); 96.2 (Vadim